中世紀英國

Medieval Britain: A Very Short Introduction

Medieval Britain: A Very Short Introduction

中世紀英國

吉林咸、格里菲思(John Gillingham
and Ralph A. Griffiths)著
沈弘 譯

OXFORD
UNIVERSITY PRESS

OXFORD
UNIVERSITY PRESS

Oxford University Press is a department of the University of Oxford.
It furthers the University's objective of excellence in research, scholarship,
and education by publishing worldwide. Oxford is a registered trade mark of
Oxford University Press in the UK and in certain other countries

Published in Hong Kong by
Oxford University Press (China) Limited
39th Floor, One Kowloon,1 Wang Yuen Street, Kowloon Bay,
Hong Kong

中世紀英國

吉林威、格里菲思
（John Gillingham and Ralph A. Griffiths）著

沈弘 譯

ISBN: 978-0-19-083222-3

1 3 5 7 9 10 8 6 4 2

English text originally published as *Medieval Britain: A Very Short Introduction*
by Oxford University Press © John Gillingham and Ralph A. Griffiths 1984

目錄

圖片鳴謝

第一章
諾曼王朝的國王們

1066年及當時發生的事件

在1066年的聖誕節那天，諾曼底的威廉公爵（Duke William of Normandy）在威斯敏斯特教堂被擁立為英格蘭的國王。這是一個令人興奮的時刻。震天動地的英語和法語歡呼聲使駐守在教堂外面的諾曼衛兵們驚慌失措。他們以為在教堂內發生了可怕的不測事件，於是把周圍的房子用火點着了。半個世紀以後，有一位諾曼僧侶這樣回憶那天所發生的混亂場面：「由於火勢迅速蔓延，教堂裏的人亂作一團，成群結隊地往外跑，有的人是去救火的，另一些人則趁機開始搶劫。只有僧侶們、主教們和幾位教士留在了聖壇前面。雖然他們感到驚慌，但還是堅持繼續完成了國王的加冕儀式，國王本人也受了驚嚇，渾身哆嗦。」

雖然取得了黑斯廷斯戰役[1]的勝利，雖然倫敦和

1　黑斯廷斯戰役（Battle of Hastings, 1066. 10.14）是一場決定英格蘭命運的戰鬥。諾曼底公爵威廉擊敗了英格蘭國王哈羅德二世（Harold II），繼而佔領了整個英格蘭。1066年12月25日，威廉一世在倫敦加冕為英格蘭國王。——譯注，下同

圖1 塞勒姆古堡的航拍照片：它生動地展現了征服後第一代諾曼人所面臨的困難。諾曼人的大教堂蜷縮在城堡的近旁，而城堡本身的修築是為了保護根本就不需要這個規模如此宏大的史前堡壘全部空間的那一小撮人。

溫切斯特已經投降，但是威廉的國王寶座依然搖搖欲墜，他的擔心確實不無道理。至少還要過五年之後，他才能在一定程度上確信，對英國的征服已經完成。從1067至1070年間，每年都有反抗諾曼人統治的起義爆發：在肯特郡、英國西南部、威爾士邊界、東英格蘭已開墾沼澤區和英國北部。諾曼人不得不像一支佔領軍那樣生活，無論居住、吃飯或睡覺都要按軍事編制一起行動。他們被迫在制高點上修築堡壘，以便能做到由少數人來統治一個臣服的民族。生活在一個擁

有一兩百萬人口的敵對民族中間的諾曼人總數也許還不到10,000。這並不是說每一個英國人都竭力反對諾曼人。無疑有許多英國人在跟諾曼人合作，正是這一點才使得諾曼人有可能成功接管眾多的盎格魯–撒克遜社會公共機構。然而有許多證據表明，英國人不願意在自己的國家中成為一個受壓迫的多數派。這些動盪不安的年代給隨後的歷史帶來了意義深遠的影響。它們意味着英國所接受的不僅僅是一個新的王室，也是一個新的統治階級、一種新的文化和語言。在歐洲歷史上也許找不到另一次征服能給戰敗者帶來如此災難性的後果。

幾乎可以肯定的是，這樣的動盪並非威廉最初的意向。在諾曼人征服的初期，許多英國人只要臣服就可以保留他們的土地。但是到了1086年，就發生了某些明顯的變化。《末日審判書》[2]是一部深刻反映了諾曼征服所帶來戰爭創傷的欽定土地調查清冊。到了1086年，只剩下4位英國貴族還擁有少量的土地。有4,000多位英國大鄉紳失去了他們的土地，取而代之的是不足200名的法國貴族。有一些新的土地擁有者是布列塔尼人和來自佛蘭德和洛林的人，但大多數都是諾曼人。就教會而言，我們可以給威廉的反英政策定

2　《末日審判書》(Domesday Book) 是威廉一世成為英格蘭國王之後，為了便於向貴族們收稅，於1085–1086年間在英國進行了大規模的土地勘查之後所編纂的一個欽定土地調查清冊。

下一個日期。1070年，他撤銷了幾位英國人的主教職務，並且從此之後再也沒有任命英國人出任過主教或修道院長的職位。在軍事問題上，1069–1070年冬季對北方的襲擊也說明威廉國王的冷酷無情在當時已達到了一個新的頂點。在約克郡，這體現為1066至1086年間，土地的價值狂跌了三分之二。然而無論發生了甚麼或是怎麼發生的，可以肯定的是，到了1086年，盎格魯–撒克遜貴族這一群體已經不復存在，他們的位置已經被新來的諾曼人精英們所佔據。自然這些精英們保留了在歐洲大陸上自己原有的土地；其結果就是英格蘭和諾曼底這兩個曾經分離的國家，現在變成了一個跨越英吉利海峽的政治共同體，不僅分享同一個統治王朝，而且還有同一個盎格魯–諾曼貴族體系。有了水上運輸的便利，英吉利海峽對英國和諾曼底的分隔就如同泰晤士河之於米德爾塞克斯郡和薩裏郡。從1086年起，直到1204年，英格蘭和諾曼底的歷史盤根錯節地交織在了一起。

由於諾曼底是一個由公爵統治的公國，而這位公爵又必須效忠於法蘭西國王，這就意味着從此以後，「英格蘭」政治成為了法蘭西政治的一部分。但是這種跟法蘭西的淵源還要更加深遠。由於諾曼人是法蘭西人，所以他們來到英格蘭時，也帶來了法語和法國文化。此外，我們所要討論的並非1066年以後那一代人所帶來的一次性、規模龐大的「法國化」，以及隨

後逐漸抬頭的「英國化」。在1066年的諾曼征服之後還有1153–1154年間的安茹征服；儘管隨着這一次征服，盧瓦爾河流域的貴族並未移居英國，但是亨利二世(Henry II)和阿基坦的埃萊亞諾(Eleanor of Aquitaine)兩人所組成宮廷的到來更加強化了法國文化在英國的主導地位。

在1066年，只有不到30%的溫切斯特財產擁有者使用非英國本土的姓氏，但是到了1207年，這個比例上升到了超過 80%，其中大多數都是威廉(William)、羅貝爾(Robert)和理查(Richard)等法國姓氏。這種對歐洲大陸影響的接納意味着在這段時期，英國藝術中的外來影響是最引人注目的。例如在教會建築中，「羅馬式」和「哥特式」等歐洲的術語要比「諾曼式」和「早期英國式」等更能貼切地描述當時的流行風格。雖然在英國建造的教堂，就像在英國進行裝飾和繪製袖珍畫的手抄本那樣，經常帶有某種可以辨認的英國特徵，但是建築師們或藝術家們所採納的設計式樣卻來自國外，有時來自地中海區域(意大利、西西里、或甚至拜占廷)，通常來自法國。在1174年坎特伯雷大教堂的高壇被大火燒毀之後，被請來進行重建的是法國建築師桑斯的威廉(William of Sens)。同樣，亨利三世(Henry III) 在重建威斯敏斯特教堂時也是受到了法國修道院風格的重大影響。事實上，法國在音樂、文學和建築等領域的顯著地位是如此崇高，

以至於法語在當時並不僅僅是一門民族語言，而是成為了一門真正意義上的國際語言，一門任何想要被認為是文雅之士的人用來交談和書寫的語言。於是，在13世紀的英格蘭，法語的重要性達到了一個前所未有的程度。從12世紀到14世紀，一個受過良好教育的英國人能夠運用三種不同的語言。英語是他的母語，他懂一些拉丁語，並且會說流利的法語。在這個國際性的社會中，法語具有舉足輕重的地位。它是法律和產業管理中的實用語言，也是歌謠、韻文、中世紀史詩和浪漫傳奇的語言。換言之，諾曼征服開創了一個使英格蘭像耶路撒冷王國那樣，可以被描述為法國海外（Outremer）之一部分的時期。用政治術語來說，它在13世紀初以前就是法國的殖民地（儘管它並不屬法蘭西國王），而之後則可算是文化上的殖民地。

在不列顛的西部和北部，即在被征服的英格蘭邊界之外，還有將本土的身份特徵保持得更為長久的民族和王國。作為居住在這個島國總體來說更為貧瘠部分的獨立民族，他們保持了原來的生活方式。只是在12世紀和13世紀這一期間，威爾士人和蘇格蘭人才逐漸開始分享這個由法國人引領的、涉及了整個歐洲的文化一元化過程。這種時間上的滯後將會帶來深遠的後果和影響。到了12世紀20年代，像歷史學家馬姆斯伯里的威廉（William of Malmesbury）這樣操法語的英國知識分子開始把他們的凱爾特鄰居們描述為未開化

的野蠻人，並視他們為無法無天、沒有倫理道德約束的蠻族，即生活在原始狀態、遠離文明社會的遊牧民族，但他們偶爾也會越過邊界，向英國發動可怕的襲擊。一種新的包含優越感的成見產生了，而且這種成見將會在英國人的傲慢中變得根深蒂固。

這一時期，在英國——在較小的規模上還有威爾士和蘇格蘭——發生的一個社會變更給歷史學家們造成了特殊的困難。這就是發生在12世紀和13世紀的文字記載的激增。該時期書寫成文的文件數量遠遠超過了以前，得以保存下來的文件數量也遠遠超過了以前。在整個盎格魯–撒克遜時期，只有區區2,000份詔書和特許狀得以傳世，而僅13世紀存世的文件就不可勝數，動輒以上萬計。當然那2,000份盎格魯–撒克遜文件只能算是冰山一角，更多其他的文件未能流傳下來。但這種情況對於13世紀來說也是適用的。例如，據估計，13世紀僅發給小農莊主和農民的特許狀一項就可能達到800萬份之多。即使這個數字是一種相當寬鬆的估計，其真實情況仍然是，包括農奴在內的整個社會階層在這一時期對文件的關注都是前所未有的。在懺悔者愛德華(Edward the Confessor)[3]的統治下，傳聞只有國王一人才擁有一枚印章，而到了愛德華一世(Edward I)統治時期，法令規定就連農奴也必須每人

3　懺悔者愛德華(Edward the Confessor, 1003–1066)，英格蘭國王，因篤信宗教而獲「懺悔者」這一綽號。

擁有自己的印章。處於這一發展過程的中心、而且在某種程度上也是這種發展的原動力的，就是國王的政體。國王擁有永久性的、組織完備的文書機構和大法官法庭，後來的財政部也是如此：它們都變得越來越忙碌。在亨利三世的統治下，我們可以計算大法官法庭所使用過的封蠟數量。在13世紀20年代後期，它所使用的封蠟數量是每星期3.63磅；到了60年代後期，這一數量就猛增至每星期31.9磅。政府不僅比以前頒佈更多的文件，而且還系統性地製作複本，並將複本保存起來。這方面一個關鍵性的日期是1199年。就在這一年，大法官法庭的文書們開始用一捆捆的羊皮紙來保存複本，其中大多數是從大法官法庭蓋了章、往外發出去的信件——這當然包括所有重要的信件。大法官法庭記錄本的存世即意味着從1199年開始，歷史學家們所瞭解的政府日常工作要比此年份以前詳細許多。

這都是一些非常重要的發展情況。文件的激增意味着從習慣於記憶事情到把它們記錄下來的轉變。這也意味着在這一時期全國人口都在某種程度上「參與了掃盲運動」，就連那些並不識字的人也變得習慣於通過文字的媒介來辦理日常事務。顯然這種識字心態的發展是與俗稱為12世紀文藝復興的文化運動緊密相關的。起初，新學問的動力都來自國外，如意大利和法國的一些城鎮和大教堂，但是到了12世紀的後期，

圖2　帶有誓約標誌的契約。這份契約記載了13世紀20年代一位貴族與林肯郡弗萊斯頓和巴特韋克這兩地民眾簽訂的一項協議。在契約上連接其誓約標誌的約50位村民顯然生活在一個已經完全習慣於使用法律文書的社會之中。

英國已經出現了一些高等學府，13世紀20年代，又有兩所大學相繼得以創立，先是在牛津，接着是在劍橋。在牛津大學的學院裏，人們可以學到諸如產權轉讓、行政管理和初級法律程序等非常實用的課程。在英國各地，都出現了各層次學校不斷增加的跡象。

　　然而這些意義深遠的發展是否跟社會組織其他方面的革命性變化有關呢？顯然，製作所有這些文字材料意味着社會正變得更加官僚化，但這意味着各階級之間的關係正在被維持，還是正在被改變？經濟制度是否正在改變？政治制度是否正在改變？抑或兩者只是被更加詳盡地記載下來而已？

　　這些都不是可以輕易回答的問題。證據需要不斷

積累的性質很容易給人假像。例如，人與人之間關係的某種形式可能是在13世紀被首次清晰地記錄下來。但這是否意味着這種關係本身就是在那個世紀最早產生的？或者這些類型的關係只是在當時才以文字的形式確定下來？或者這恰好是相關文件得以傳世的最早時期？一個關鍵的例子就是，一種被稱為「扈從契約」(indenture of retainer)的文件最早就是在13世紀流傳下來的。這種契約記載了扈從為貴族服務的各種條款；文件中通常會確定他每月的工資，假如是一個長期的合同，則會寫明他的聘用費。在這些文件的基礎上，歷史學家們確定「契約扈從」和「僱傭軍」都是在13世紀末才開始出現，而且它們都具有中世紀晚期、即「亞封建主義」(bastard feudalism)[4]時期的特徵。然而有清楚的(儘管是間接的)證據表明，拿聘用費和工資的僱傭軍和扈從至少早在1100年就已經存在。還有一個使問題複雜化的難題。由於文件的激增在英格蘭發生的時間要比在威爾士和蘇格蘭更早，規模也要大得多，所以撰寫英格蘭的政體、法律、教會和經濟等公共機構的歷史要比撰寫不列顛其他部分的相關歷史容易得多。但讀者也應該記住，在整個中世紀時期，這個島國的絕大部分人口都生活在英格蘭。

4　「亞封建主義」是盛行於14、15世紀歐洲以保護制、扈從制和親緣關係為內容的社會，是從領主制向以支付現金工資為條件、親緣關係和服務為內容的扈從制的轉變。

在進一步探討中世紀英國歷史之前，先簡單勾勒一下主要歷史事件將是十分有用的，我們將焦點集中在與英格蘭國王最相關的那些事件上。

威廉一世（1066-1087）

在1071年之後，威廉對英國的統治已經相當穩固。威爾士人和蘇格蘭人並沒有給他製造任何麻煩。斯堪的納維亞的統治者們繼續用貪婪的眼光注視着英國，然而始終存在的另一次北歐海盜入侵的威脅從未成為現實。從1071年起至其統治結束止，威廉的注意力都集中在歐洲大陸的戰爭和外交上。諾曼底是他的家鄉，而且遠比其統治的島國更容易受到敵人的突然襲擊。威廉的好幾個鄰居都因為他新的實力而感到驚恐，並且抓住每一個機會想要削弱他。其中最典型的就是法王腓力一世（King Philip of France）和安茹「粗暴的」富爾克伯爵（Count Fulk le Rechin of Anjou）。他們最好的機會是由威廉的長子羅貝爾（Robert, 1054年生）所提供的。雖然早在1066年羅貝爾就已經被確認為諾曼底的繼承人，但他始終沒能享有金錢和權力；從1078年起，他開始參與到一系列反對他父親的陰謀中。在法國國王與諾曼底公爵之間發生的紛爭中，一個天然的戰場就是韋克辛，即塞納河北岸位於魯昂和巴黎之間一塊有爭議的領土。威廉於1063年征服的曼

恩在諾曼底與安茹的敵對行動中扮演了一個類似的角色。曼恩在後兩代人中間始終是一塊雙方爭搶的肉骨頭，而韋克辛被爭奪的時間還要更長（直到1203年）。就這樣，在威廉的統治下我們已經能夠看到主宰下一個世紀的政治模式：即家族之間的紛爭與領土的爭議交織在一起。在這種背景下，威廉之死的時間發人深省。法國要塞芒特的衛戍部隊突襲了諾曼底。威廉採取了報復行動，當他的軍隊於1087年7月攻陷芒特時，威廉身受致命重傷。當時羅貝爾正參與叛亂，並選擇留在腓力一世國王的宮廷裏。而他的弟弟小威廉則孝順而執意地守護在父親的床前。1087年9月9日，威廉一世氣絕身亡。他的屍體被抬到了他位於卡昂的聖斯蒂芬大教堂。威廉在晚年變得非常肥胖，當侍從們試圖把他的屍體塞進石棺時，它竟脹裂了，使整個教堂都充滿了難聞的臭味。對於一位一生都極為幸運和能幹的國王來說，這確實是一個不幸的結局。

威廉二世（1087-1100）

無論威廉的最後遺願是甚麼，有許多人認為他的長子應該獲得父親的世襲財產，即父親本人所繼承的那些土地。於是，儘管羅貝爾參與了叛亂，他還是繼承了諾曼底。然而一個人自己謀得的財產，無論是通過購買、婚姻或征服，則更容易為其他家庭成員所分

享。所以，英格蘭這塊由征服者贏得的廣袤土地被他的二兒子威廉所獲得。

羅貝爾自然反對這樣的分配方案，若非因為發動叛亂，他本來是能夠繼承英格蘭的。

顯然，有關繼承王位的那些習俗慣例仍然是有彈性的。它們可以(也應該)加以修改，以顧及政治現實，例如競爭對手的性格。於是那些有影響力的人物，包括坎特伯雷的蘭弗朗克大主教(Archbishop Lanfranc of Canterbury)，決定接受紅臉威廉(William Rufus)為英格蘭國王。他們也許認為他要比哥哥更適合做統治者。參照羅貝爾在1087年以前和以後的表現，這個選擇應該是一個合理的判斷。然而即位國王沒幾個月，紅臉威廉就發現自己受到了一個由男爵和權貴所組成的強大聯盟的反對。根據盎格魯-諾曼編年史家奧德里克·維塔爾(Orderic Vitalls)的記載，叛亂者的目標是重新把英格蘭和諾曼底組成一個整體，這並非是為了憲法規定的某些原則，而是為了解決他們自己的政治難題。奧德里克通過叛亂者頭目巴約的奧多(Odo of Bayeux)之口總結了他們所面臨的困境：「我們如何才能恰如其份地服務於兩個相隔很遠又相互敵對的主人呢？假如我們效忠羅貝爾，我們就會觸怒他的弟弟威廉，他就會剝奪我們在英格蘭的歲入和榮譽。另一方面，假如我們服從於威廉，羅貝爾公爵就會剝奪我們在諾曼底的世襲財產。」這種論點訴諸

強大的既得利益，並且能夠輕而易舉地推翻紅臉威廉的統治。假如盎格魯-諾曼聯合王國只能有一個統治者的話，那麼人們就很難剝奪長子的權利。對於紅臉威廉來說，幸運的是他哥哥缺席了這場紛爭：羅貝爾留在了諾曼底，棄他的支持者於危難之中。雖然1088年的那場叛亂頃刻之間便土崩瓦解，但它確實顯示出，身為英格蘭國王，卻又不是諾曼底公爵，這樣的處境將會有多麼危險。

縱覽威廉二世和亨利一世（Henry I）在位的那48年（1087-1135），可以看出英格蘭的幾次叛亂（1088、1095、1101、1102）都集中在兩個時期（總共約15年時間），即當英格蘭國王不是諾曼底公爵的1087-1096和1100-1106年間。顯然，英格蘭和諾曼底有不同的統治者對於國王來說是不利的。然而對於貴族來說也是不利的。正如巴約的奧多所闡明的那樣，局勢不穩定會給他們帶來許多危險。每當跨越英吉利海峽的王國被分割為兩半時，就會出現一個衝突的時期，只有當一位統治者推翻另一個統治者時，局勢才會穩定下來。這樣，英格蘭國王最為關注的事情就是要戰勝和控制諾曼底。

1089年，紅臉威廉對諾曼底公國提出了所有權要求。他利用英格蘭的銀子來進行賄賂，從而得到了別人的支持，而且他所發動的戰役也取得了一定的勝利。但是他對英格蘭的控制仍然不夠穩固；1095年，

他面臨了一場政變的陰謀。第二年，緊張的局勢才得以緩和，至少暫時是這樣，而且是以一種完全不能預見的方式。教皇烏爾班二世（Pope Urban II）巡迴佈道的驚人成功創造了一種輿論氣氛，使得成千上萬的人都決定參加一場旨在把耶路撒冷從穆斯林手中奪回來的遠征。對於羅貝爾·柯索斯來說，這為他擺脫越來越困難的國內政治局勢提供了一個既體面榮耀又激動人心的方式。為了裝備自己及扈從以參加遠征，他把諾曼底以一萬馬克的價格抵押給了威廉。

新公爵的下一個任務就是收復在羅貝爾懈怠的統治下所丟失的曼恩和韋克辛。到了1099年，他成功地完成了這項任務。紅臉威廉將他父親的王國恢復到了以前的疆界。事實上，通過把埃德加（Edgar）於1097年扶上蘇格蘭的王位，他甚至比父親更為有效地對蘇格蘭進行了干涉。

有一位12世紀初的作者傑弗里·蓋瑪（Geoffrey Gaimar）把威廉二世視為一位理想的統治者。但蓋瑪是用法語寫作的。不幸的是，教會神職人員用拉丁語寫成的歷史著作對於威廉的名聲有着更大的影響。生性嚴肅、並習慣於威廉一世宮廷內那種虔誠和謹慎傳統的教會人士對紅臉威廉宮廷內的豪華鋪張、虛榮粗俗和追逐時尚——如留長髮——深感厭惡，因為在他們看來，這些傾向意味着柔弱和淫亂。紅臉威廉從未正式結婚。按照《威爾士親王編年史》的説法：「他納

妃姘居，因此去世時沒有留下繼承人。」他也許對宗教主張持懷疑的態度；無疑他把教會視作是可供敲上一筆竹杠的富裕行會。他從不着急指定主教和修道院長，因為當這些位置空缺時，他就可以自己挪用教會的收入。在執行這些有利可圖的政策時，紅臉威廉依賴於一位機智而世故的文書雷納夫·弗蘭巴德(Ranulf Flambard)的足智多謀，並且最終讓弗蘭巴德出任了達勒姆主教。

1093年紅臉威廉的名聲受到前所未有的打擊，當認為自己大限將至的時候，他指定了一位聖潔的學者貝克的安塞姆(Anselm of Bec)出任坎特伯雷大主教(在這個主教職位空缺了四年之後)。從威廉的角度看，這項任命是具有災難性的，因為它正好發生在歐洲教會改革運動 —— 即格列高利改革[5] —— 期間，這項運動造成了一種有爭議的氛圍，使得那些聖潔的教徒很容易成為政治上的激進派。1095年，威廉在羅金厄姆召集了一次會議，來解決他與安塞姆之間發生的爭執。令所有人瞠目結舌的是，安塞姆大主教向羅馬教廷提出了申訴，說身為坎特伯雷大主教的他不能接受一個世俗法庭的評判。11世紀後半期教皇權力的提升，以及它對高級教士首先要忠誠於它的要求，把一種新的和

---

5 格列高利改革運動(Gregorian reform movement)是指教皇格列高利七世
   (1073–1085年間在位)為整頓西方教會而發動的改革，內容主要是反
   對由國王來任命神職人員，以及修改教會法。

令人不安的因素帶上了政治舞臺。假如教會的神職人員堅信他們對上帝的義務高於他們對國王的職責(正如聖彼得的教區牧師所定義的那樣)，那麼人們所習慣的世界結構就會變得顛倒過來。

從建立獨立的宗教等級體系這個角度來說，安塞姆的論點非常有力；他所依據的前提令他佔據了爭論的上風。然而紅臉威廉也有很好的理由；不僅如此，他還握有權力 —— 與一個專橫國王所能得到的物質資源相抗衡時，一個學究氣十足的坎特伯雷大主教實際上處於一個非常虛弱的地位。威廉繼續騷擾大主教，從未對他改革教會的嘗試表示過任何同情。結果安塞姆再以無法忍受了。1097年，他乘船離開了多佛，把坎特伯雷大教堂的地產權全都留給了國王。從短期來看，國王在這次爭執中佔了上風。1100年他獨享了三個主教轄區和12個修道院的收入。同時這場紛爭似乎並未削弱這位受過塗油禮的國王在臣民心中的至高權力地位。就連撰寫《安塞姆傳記》的坎特伯雷僧侶埃德默(Eadmer)也這樣評論紅臉威廉：「風與海洋似乎都臣服於他。」確實，埃德默繼續說道：「在打仗和征服領土等方面，他是如此成功，你會認為整個世界都在對他微笑。」至於威廉二世在1100年的地位是否真的這麼牢固則是另一回事；強調倫理道德的編年史家刻意把他描述成一個自負和自誇的國王，一個在似乎要到達成功的頂點時突然被命運所擊倒的國王。

1100年夏天，大家肯定都已經知道，由於羅貝爾公爵不在而造成的和平插曲行將結束。這位十字軍東征的參與者正在回家的路上，不僅身邊有一位富裕妻子的陪伴，而且頭上還有一個直搗聖城耶路撒冷的英雄光環。當柯索斯重新索要他的遺產時，誰又知道將會發生甚麼事情，以及那些盎格魯–諾曼權貴們會站在哪一邊？事情就是那麼湊巧，1100年8月2日在新森林（New Forest）發生的一次狩獵事故使這位強悍並受到眾多誹謗的國王死於非命。同樣湊巧的是，威廉的弟弟在國王去世的那一天正好也在新森林。

亨利一世（1100-1135）

獲知紅臉威廉的死訊，亨利迅速採取了行動。他騎馬前往溫切斯特，接管了國庫。接着他又直接來到了威斯敏斯特，於8月5日在那兒加冕成為國王。這樣的神速使人猜測亨利事先知道他的哥哥即將遇害身亡，以及他「策劃了狩獵事故」。但是沒有同時代人提出指控，而且假如果真是亨利如此冷酷地策劃了這次暗殺行動，他所選擇的時機很可能會有所不同。紅臉威廉與羅貝爾之間即將爆發的戰爭一定會以他們中間一個人的失敗或被消滅為結束。換言之，假如推遲暗殺的話，就會使暗殺者有希望同時獲得英格蘭和諾曼底。而實際情況是，紅臉威廉於1100年8月的死亡意

味着亨利必須以驚人的速度來奪取盎格魯-諾曼聯合王國只有一半的控制權。一個在動手之前可以等待那麼長時間的人肯定是會再等待一兩年的。

幾個星期之後，羅貝爾回到了諾曼底。亨利不得不準備防禦不可避免的入侵。他的政策就是用施捨恩惠和作出廣泛讓步的方式來獲得支持。這是他在加冕那天就宣佈的一項政策，當時他頒佈了自由憲章，譴責他哥哥壓迫人民的做法，並且答應建立一個好的政體。另一方面，組織防禦的迫切需要意味着亨利不能夠承受引起過多混亂的後果。這是一個表明姿態和發表宣言、但絕非推翻整個政權的時期。形勢的現實就是他哥哥留給了他一個現成的宮廷和管理機構，而亨利除了接管它們之外幾乎沒有選擇的餘地。

當羅貝爾公爵於1101年7月在次茅斯登陸時，英格蘭許多實力最大的男爵在貝萊姆的羅伯特 (Robert of Bellême) 和其兄弟們的率領下，聚集到了他的麾下。但是以默朗的羅伯特 (Robert of Meulan) 為首的紅臉威廉宮廷圈子那幫貴族依然效忠於亨利；英國的教會亦如此。雙方都作出了讓步，並且坐下來談判。亨利得以維持對英格蘭的統治，每年向他的哥哥交納2,000英鎊的俸金。

在度過了1101年的危機之後，亨利便開始着手防止這樣的危機再次發生。最基本的第一步就是推翻蒙哥馬利 (貝萊姆) 家族。1102年，他奪取了貝萊姆

的羅伯特在威爾士邊界最主要的堡壘，接着就將他驅逐出境。兩年後，他沒收了莫爾坦的威廉（William of Mortain）名下的土地。但是羅伯特和威廉這兩位伯爵，就像其他伯爵一樣，在他們的諾曼底莊園有根據地，可以從那兒組織力量奪回他們在英格蘭的土地。通過使英格蘭和諾曼底的分離永久化，1101年的條約使得政治動盪局面繼續存在。所以當前一任國王的歷史又重演時，我們發現一位英格蘭的國王先是在防禦，接着又轉入了進攻。在坦什布賴戰役（1106）中，這個問題得到了解決。羅貝爾公爵本人被俘，並將作為他弟弟的俘虜在監牢裏度過他28年的餘生。

雖然在最初的統治年代裏亨利一直專注於諾曼底的事務，但他並無太多的空餘時間可以隨心所欲地專心做這些事。王室對教會的傳統權利受到了隨着格列高利改革運動而來的新思想的威脅。改革家們不僅希望淨化教士們的倫理道德和精神生活，而且為了做到這一點，他們相信必須把教會從世俗控制中解脫出來。這種控制最令人憎惡的象徵就是世俗政權的主教授職儀式，即新任修道院長或主教從任命他們的世俗君主手中接受戒指或權杖的儀式。雖然教皇早在1059年就已經頒佈了反對世俗主教授職儀式的第一個法令，而且此後發佈了更多的禁令，但是在英格蘭，似乎沒有人意識到它們的存在，直至安塞姆於1100年秋天回到英格蘭。在流放過程中，他得知了教皇對於世

俗主教授職儀式的態度。於是，儘管他本人就是由紅臉威廉於1093年授予大主教職位的，但他現在拒絕向亨利頂禮膜拜，也不肯給那些由亨利授予職位的高級教士們祝聖。這使得國王處於一個尷尬的境地。主教和修道院長們是大地主，即中央和地方政權中的關鍵人物；他需要他們的幫助，而且必須確保他們對自己的忠誠。另一方面，與紅臉威廉不同，亨利不願意再挑起爭端，所以在許多年當中，他覺得還是拖延這個難題更方便一些，而不是試圖解決這個難題。直到1107年，這件事才最終得以解決。

亨利聲明放棄了世俗主教授職儀式，但是主教們仍在繼續對他們的領主進行頂禮膜拜。實際上國王的祈願仍然是主教任職的決定因素。在某種程度上，可以說亨利放棄了控制的形式，但卻保全了控制的現實。當安塞姆於1109年去世時，國王讓坎特伯雷大主教的職位空缺了五年。然而他已經失去了某些東西，而且他知道這一點。在伴隨「主教敘任權之爭」(Investiture Contest)而來的激烈宣傳戰中，格列高利派堅持認為國王只不過是個平信徒，他的身份要低於所有的教士，因為教士們所關注的是心靈，而國王關注的只是肉體。教會再也不能容忍舊的觀念，即認為塗過聖油的國王就是上帝的神聖代理人。在放棄世俗主教授職儀式的同時，亨利就等於承認了他職務的世俗性質。這是王權史上的一個重要時刻。

當諾曼底被征服、而主教敘任權的爭議找到了一個妥協性的解決方案之後，亨利的注意力轉向保護他所剩下的東西。雖然他提拔了一些「新人」，但他知道政治的穩定有賴於他培養跟貴族的良好關係。用奧德里克的話來說，「他用榮譽和慷慨來對待權貴們，增加了他們的財富和地產，並且通過以這種方式撫慰他們，他贏得了他們的忠誠。」對於亨利地位的一個直接威脅來自於柯索斯的年輕兒子威廉·克里托（William Clito, 1102年生），他宣稱他才是合法的諾曼底公爵，而非亨利。這個對手的要求，加上諾曼底漫長的陸地邊界，意味着這個公國仍然是他整個王國中最易受攻擊的部分。1106年以後，亨利在其統治期餘下的多半時間都是在諾曼底度過的，以對付諾曼公爵的傳統敵人，其中值得注意的有法王路易六世（Louis VI of France, 1108–1137 在位）和安茹伯爵富爾克五世（Fulk V of Anjou, 1109–1128 任伯爵）。他組織了一個防禦性的聯盟——把他的至少8個私生女嫁給了鄰國的君王，從北方蘇格蘭的亞歷山大（Alexander of Scotland）到南方佩爾什的羅特魯伯爵（Rotrou count of Perche）。這種外交模式在某種程度上印證了馬姆斯伯里的威廉的斷言，即性對於亨利來說並非是一樁享樂的事情，而是外交事務。所有這些活動的最終結果就是亨利沒有失去諾曼底，而且由於這個原因，歷史學家們並沒有對此大做文章，因為這種鬥爭的目的只是

地圖1　盎格魯—諾曼王國，1066–1154

為了維持現狀。然而對於亨利來說，這可是一樁非常重要的事情，是一場你死我活的戰爭，至少有一次，在1118–1119年間，他差點失去了諾曼底這塊領土。保衛諾曼底這一頭號問題對於英格蘭來說也是一件需要嚴肅對待的事情，而且不僅僅是對那些在歐洲大陸擁有地產的大地主們而言。城堡、衛戍部隊、外交和戰爭全都需要用大量的金錢來維持。這種因果關係在《盎格魯–撒克遜編年史》有關1118年的記載中有着明白無誤的表述：「由於跟法國國王、安茹伯爵和佛蘭德伯爵之間的戰爭，亨利國王這一年全年都是在諾曼底度過的……英格蘭在這一年以眾多賦稅的形式付出了昂貴的代價，人民整年都被這些賦稅壓得喘不過氣來。」國王的長期缺席和他對於金錢的迫切需要是政府機器不斷地變得精巧和複雜背後的動力。當國王不在的時候，英格蘭是由副攝政委員會來進行管理的。這個委員會要一年兩次在財政部碰頭開會，在著名的格子桌布上審計各郡長的待結賬目。大多數日常的管理工作，尤其是歲入的收取，是在索爾茲伯里的羅傑(Roger of Salisbury)的監督下進行的，他既能幹又謹慎，似乎是一位典型的官吏，與性格浮誇的弗蘭巴德截然不同。

亨利唯一合法的兒子威廉1120年因白船(the White Ship)的沉沒而溺水身亡，這使得亨利精心構築的大廈轟然倒塌。從那時起，繼承人問題便主導了他統治

時期的政治活動。威廉死後不到三個月，亨利便娶了一個新的王后，但是他竭力希望得到的王位繼承人卻並沒有出生。所以，儘管亨利有20多個私生子女，但在他身後卻只留下了一個合法的後代，即他的女兒馬蒂爾達（Matilda）。當她的丈夫，德意志皇帝亨利五世（Henry V of Germany），於1125年逝世的時候，亨利把她召回了自己的宮廷，並讓男爵們宣誓接受她為盎格魯–諾曼王國的繼承人。接着，亨利於1127年又得知了一個令人震驚的消息。威廉·克里托被承認為佛蘭德伯爵。假如他能動用佛蘭德的財富來推動他對於諾曼底的主權要求，那麼他叔叔的前景將會十分暗淡。在這個關鍵的時刻，亨利向安茹的富爾克五世提出了馬蒂爾達與富爾克的兒子和繼承人傑弗里·金雀花（Geoffrey Plantagenet）聯姻的建議。1128年6月，馬蒂爾達不太情願地嫁給了一個14歲的少年。毫無疑問，富爾克伯爵取得了一個外交上的勝利：即邁出了安茹家族接管盎格魯–諾曼王國最重要的第一步。

到了1135年，亨利一世與傑弗里和馬蒂爾達之間發生了公開而激烈的爭吵。這件事的後果就是驅使那些忠於亨利的權貴們起來反對安茹家族的人。當年邁的國王去世時，這些權貴們不可避免地發現自己很難跟國王選定的繼承人達成妥協。從這個意義上說，是亨利本人挑起了他死後王位繼承權的爭議。直到生命的最後一刻，他仍然想讓他的女兒和女婿來繼承王

位，但是他沒有辦法親自採取可以使他們順利繼承王位的措施。亨利一世曾經是一位極為能幹和成功的國王，是當時最傑出的政治家，但就連他也沒能妥善處理王位繼承問題的緊張局面。正是由於這個緣故，亨廷頓的亨利（Henry of Huntington）把亨利描述成一個永遠焦慮不安的國王：「他的每一次勝利都只能使他擔心自己是否會失去已經得到的東西；因此儘管他看上去是一個最幸運的國王，但實際上他卻是最痛苦的國王。」

斯蒂芬（1135–1154）

當亨利一世已處於彌留之際的消息傳來時，被老國王選中的兩位繼承人正住在自己在安茹或曼恩的領地裏。但是國王的侄兒，布盧瓦的斯蒂芬（Stephen of Blois），當時則是在他的領地布洛涅。從那兒到英國的東南部只有一天的旅程。這個地理上的巧合給了斯蒂芬一個捷足先登的機會。他首先獲得了倫敦人的支持，接着又騎馬趕到了溫切斯特。他兄弟，布盧瓦的亨利（Henry of Blois），正在那兒當主教。在亨利的幫助下，他既得到了位於溫切斯特的國庫，又得到了索爾茲伯里的羅傑的支持，後者接受了他所提出的要當國王的要求。然後剩下的就只是說服坎特伯雷大主教來為他的登基祝聖了。為了做到這一點，他爭辯說，貴族們要效忠馬蒂爾達的誓言是無效的，因為當時大家

都是被迫的。還有人散播虛假的消息，說老國王在彌留之際改變了有關王位繼承人的主意。1135年12月22日，斯蒂芬在威斯敏斯特接受加冕和塗油儀式，成為國王。

益格魯–諾曼王國的政治結構意味着斯蒂芬一旦被承認為英格蘭的國王，他在諾曼底也就處於了一個強有力的位置。從那時起，諾曼男爵們如果效忠於別人，就會失去他們在英格蘭的地產。尤其是那些損失會最大的人都覺得他們必須支持斯蒂芬。所以傑弗里和馬蒂爾達為贏得遺產而發動的戰爭從一開始起就遇到了益格魯–諾曼王國大多數權貴的反抗。

在西部，亨利的死訊引發了一場反抗殖民者的大暴動，因為殖民者們企圖將威爾士變成一位同時代人所謂的「第二個英格蘭」。但在英格蘭本土，斯蒂芬頭兩年半的統治還算相當平靜：事實上，比他的兩位前任國王最初的統治年份平靜多了。第一個沉重的打擊出現在1138年的夏天，當時格洛斯特的羅伯特（Robert of Gloucester）決定加入他同父異母的姐姐陣營。羅伯特的變節不僅意味着斯蒂芬失去了對諾曼底某些戰略要點的控制，而且它也是一個信號，說明安茹家族的人即將把他們的鬥爭推進到英格蘭本土。當斯蒂芬眼巴巴地等待着這個打擊落到他頭上時，他開始對形勢失去了控制，尤其是在北方，蘇格蘭國王戴維一世（King David I of Scotland）奪取了諾森伯里亞。斯

蒂芬得罪了他的兄弟布盧瓦的亨利，因為他沒有讓他當上坎特伯雷大主教；他逮捕了三個有影響力的「文官」主教，包括索爾茲伯里的羅傑，於是便使得布盧瓦的亨利有理由宣稱教會的自由受到了侵犯。在1139年的秋天，當馬蒂爾達皇后在阿倫德爾登陸、並似乎成為斯蒂芬囊中之物時，他竟讓她安然脫身，到布里斯托爾去跟格洛斯特的羅伯特會合。從那時起，英格蘭便出現了兩個對立的宮廷。假如他囚禁她，那麼她丈夫和兒子們的事業就會獲得更多的支持。馬蒂爾達是個女子這一事實曾經給過斯蒂芬一個機會，但是在一個騎士的時代，它也給了他一個無法解決的難題。

1141年2月，斯蒂芬在林肯郡魯莽應戰，並且在能夠逃脫的情況下仍然頑強奮戰。結果他遭俘，被關進了布里斯托爾的大牢。現已作為教皇使節的布盧瓦的亨利公開地站到了皇后這一邊。當年夏天，馬蒂爾達得以進入倫敦。但是她輕蔑地拒絕了由教皇使節制訂的和平條件，並以她放肆的行為舉止冒犯了倫敦的居民。當斯蒂芬的王后，布洛涅的馬蒂爾達 (Matilda of Boulogne)，率領大軍向倫敦進發時，倫敦人拿起武器，將皇后趕出了倫敦城。就這樣，計劃在威斯敏斯特舉行的加冕儀式並未舉行。馬蒂爾達也從未成為過英格蘭的女王。幾個月之後，格洛斯特的羅伯特也成了戰俘。由於他是皇后陣營中的得力幹將，馬蒂爾達不得不同意交換戰俘，即用斯蒂芬換取羅伯特。皇后

失去了得到的地位；英格蘭仍然是一個分裂的國家。

在諾曼底，形勢有了一個完全不同的發展。安茹的傑弗里留在法國，以便保持對諾曼底公國的壓力，同時也照顧他自己在安茹的利益。從1141至1144年間的一系列戰役以魯昂投降，以及傑弗里正式受封為公爵而告終。然而安茹伯爵一心一意想要征服諾曼底的專注勁頭使他無法顧及英格蘭。

英格蘭的內戰陷入了一種僵局。作戰雙方都沒有取得甚麼進展，因為當時的作戰兵法都是圍繞着城堡來展開的，總的來說防禦者佔據了優勢。1147年10月，格洛斯特的羅伯特一命嗚呼。灰心喪氣的皇后於1148年初離開了英格蘭，從此再也沒有回來過。

1150年，安茹的傑弗里讓他的兒子亨利輔佐他在公國的統治，第二年，當法王路易七世（King of France Louis VII, 1137–1180 在位）為報答在韋克辛得到的讓步，決定承認亨利為公爵時，上述安排就被合法化了。到了這一步，英格蘭與諾曼底之間原有的關係似乎終於破裂了。然而雙方都不願意放棄他們的主權要求，儘管在英格蘭雙方似乎仍然相持不下，但歐洲大陸的形勢卻顯得變化多端。還不到40歲的安茹的傑弗里去世了，留下他的長子控制諾曼底和安茹。1152年3月，路易七世與王后阿基坦的埃萊亞諾離了婚。八個星期之後，她嫁給了亨利，這樣亨利就可以將阿基坦這個幅員廣闊的公國納入他在歐洲大陸的財產之中。

亨利的婚姻可謂是一個大手筆——然而它也給斯蒂芬帶來了新的希望。路易七世將亨利的所有敵對者組織成一個聲勢浩大的聯盟。其結果就是1152年的夏天，亨利不得不在四個不同的戰場上同時作戰——在阿茹坦，在諾曼底，在安茹鎮壓叛亂，以及在英格蘭對抗斯蒂芬。一位見識廣博的諾曼編年史家告訴我們，當時人們打賭說亨利在劫難逃。在這個緊要關頭，亨利乘船到英格蘭來繼續與斯蒂芬周旋的決定給同時代人的印象是膽大妄為。儘管如此，亨利還是難以打破英格蘭的僵局，而且他的整個地位仍因戰線過長而顯得十分危險。恰好斯蒂芬的繼承人尤斯塔斯(Eustace)於1153年8月死亡，這改變了一切。斯蒂芬的第二個兒子威廉從未想過要當國王，這就為談判解決爭端打開了通道。

雙方的男爵們長期以來都急切地希望得到和平。他們的地產使得他們很容易受到戰爭的劫掠，以至於他們都不贊成曠日持久的敵對行動。他們不時地會漠視首領們的意願，自己安排地方上的停火。所以當斯蒂芬和亨利屈從於顧問們的意見時，大家都鬆了一口氣。

根據1153年12月簽訂的《威斯敏斯特和約》，雙方同意斯蒂芬在生前擁有整個王國，但他應該立亨利為他的繼承人。威廉將繼承斯蒂芬作為男爵名下的領地。從根本上來說，這個和約是重複了布盧瓦的亨利於1141年所提出的和平條件。馬蒂爾達在得勝後缺乏

寬宏大量的心態使得整個國家又進行了12年的內戰。現在斯蒂芬終於可以在無人挑戰的情況下來統治國家了，但是他已經精疲力竭，並沒能活多久來享受他新得到的權力。1154年10月25日，他與世長辭，被埋在了他妻子和長子的墓地旁邊，而該墓地就位於他與妻子在法弗舍姆所創辦的修道院裏。

斯蒂芬曾經是一位能幹的軍隊指揮官和勇敢的騎士——但也許太勇武了，反而對自己不利。他的性格要比任何其他諾曼國王都更具有吸引力——但他缺乏他們的專橫傲慢，這一點使他無法鎮住自己的宮廷或國家。此外，他呆在諾曼底的時間太少，在他整個統治時期只是於1137年去訪問過一次。這與他前任國王們的行程大相徑庭，而且從盎格魯-諾曼貴族的「跨海峽結構」來看，這無疑是一種錯誤的做法。從這個意義上來說，這位來自布盧瓦家族的統治者可以說是失敗了，因為他作為一名國王過於「英國化」了，而沒有意識到英格蘭只是一個更大整體的局部。

第二章
安茹王朝的國王們

亨利二世（1154–1189）

　　亨利一帆風順地接管了政權；這是100多年來第一次有人毫無爭議地繼承英格蘭的王位。作為一個領土從蘇格蘭邊界一直延伸到比利牛斯山脈的王國君主，他可能是歐洲最有權力的國王，甚至比神聖羅馬帝國的皇帝還要富裕，並且完全壓倒了他在歐洲大陸的財產名義上的宗主國君主，即法蘭西國王。雖然英格蘭給了他巨大的財富和一個國王的頭銜，但該王國的中心卻是在別處的安茹，也就是他父輩們的土地上。

　　他在英格蘭的首要任務就是挽回斯蒂芬統治期間所遭受的損失。到了1158年，這項任務終於完成了。最富有戲劇性的例子就是在1157年，他施加外交壓力，迫使年輕的蘇格蘭國王馬爾科姆四世（Malcolm IV）把坎伯蘭、威斯特摩蘭和諾森伯里亞歸還給了英格蘭國王。然而在威爾士，亨利發現很難恐嚇圭內斯的歐文（Owain of Gwynedd）和德赫巴斯的里斯（Rhys of Deheubarth）這兩位實力雄厚的君王。在1157年和1165

年，亨利使用了武力，但由於威爾士人的遊擊戰術和傾盆而下的夏季陣雨，亨利兩次均無功而返。1165年之後，亨利對威爾士君王們的態度變得更為通融。早在1155年，他就已經在考慮征服愛爾蘭。然而直到1169–1170年間，對愛爾蘭的進攻才真正發起。先是一些貴族從威爾士邊界發兵，然後(1171–1172)才是亨利本人率大軍親征。長期拖延表明，在國王的眼裏還有其他遠比愛爾蘭問題更為急迫的事情要辦。

在他34年的統治生涯裏，亨利二世有21年生活在歐洲大陸。從社會和文化角度來看，英格蘭與安茹領地的法國部分相比，顯得有點死氣沉沉。位於塞納河、盧瓦爾河以及加龍河流域的繁華社區是學問、藝術、建築、詩歌和音樂的中心。阿基坦和安茹生產中世紀貿易中最基本的兩種商品：酒和鹽。這些商品可用來交換英格蘭的布匹，而且這種生意肯定給這位君王帶來了優厚的利潤，因為生產者和消費者都在他的統治之下。作為諾曼底公爵、阿基坦公爵和安茹伯爵，亨利繼承了他的前任國王們對於鄰國的領土擴張要求。這些領土要求導致了對南特進行的干預(1156)，亨利在那兒安插了自己的兄弟傑弗里(Geoffrey)作為伯爵；導致了1159年對圖盧茲的遠征，其結果是奪取了卡奧爾和凱爾西[1]；導致了1160年諾

1　凱爾西(Quercy)是法國西南部的一個地區，以養羊和生產乾酪而著稱。

曼韋克辛的回歸；最後，作為1166年不斷入侵的結果，它導致了對布列塔尼的佔領，亨利將兒子傑弗里（Geoffrey）安插在那兒作為公爵。

然而具有諷刺意義的是，亨利並不是因為他所取得的勝利才被人們記住的，而是因為他在謀殺托馬斯·貝克特（Thomas Becket）中所扮演的不光彩角色。1162年6月，貝克特出任坎特伯雷大主教。在講究體面的教會人士眼中，從1155年起就擔任大法官的貝克特並沒有資格擔任英格蘭教會中的最高職位。他卻證明了他是所有可能成為大主教的人選中最稱職的，使世人大為驚愕。從一開始，他就刻意反對出於友誼提拔了他的國王。不可避免的是，亨利不久就開始像一個遭到背叛的人那樣作出了反應。在12世紀中期，教會與國家之間的關係充滿了各種問題，這些問題可以、也通常是被善意的人們束之高閣，但它們也可以為那些一心想要吵架的人提供一個發作的機會。

亨利選擇了「犯罪的教士」這個問題來跟大主教算賬。就像許多其他俗人一樣，亨利憎恨那些犯了重罪的教士通過要求在教會法庭審判來逃脫死罪的做法。1163年10月，在威斯敏斯特召開的一次會議上，亨利要求那些犯罪的教士應該由教會免去聖職，然後把他們交給世俗的法庭判罪。貝克特聯合其他的主教同事們，反對國王提出的建議；但是當教皇亞歷山大三世（Pope Alexander III）請求他採取更為和解性的措施

時，亨利在克拉倫登召開了一個會議（1164年1月）。他對主教們發表了一個有關國王對教會慣有權利的聲明——即《克拉倫登憲章》——並且要求他們切實遵守這些慣例。在完全沒有準備的情況下，貝克特爭辯了兩天之後終於屈服了。然而當其他所有的主教們都像他一樣答應這個要求時，貝克特又為自己的軟弱感到後悔。亨利被徹底激怒了，於是決定消滅貝克特。他將貝克特召到王宮裏，捏造了指控要他進行答辯。結果大主教被判有罪，並被剝奪所有的家產。陷於絕望的貝克特逃到英吉利海峽另一邊，向教皇進行申訴。由於他先是堅持原則，後又產生動搖，貝克特使英格蘭教會陷入了一個混亂的狀態。

在貝克特流放期間，亨利在其後 5年都專注於其他更為重要的事情。他征服了布列塔尼，重整了英格蘭司法系統。接着在1169年，有關王位繼承人亨利王子（Prince Henry）加冕儀式的問題導致國王、教皇、大主教之間無休止的談判被當作緊急事務得到了解決。1170年，貝克特回到了英格蘭，決心要懲罰那些參加了年輕國王加冕儀式的教士們。他的敵人們不失時機地把大主教張揚的行為舉止告訴了亨利。「難道沒有人替我除掉這個狂暴的教士？」亨利激憤的話語被他手下四位騎士過於當真了。他們急於獲得國王的恩典，便迅速趕到了坎特伯雷，於1170年12月29日在貝克特自己的大教堂裏謀殺了這位大主教。這一事件使

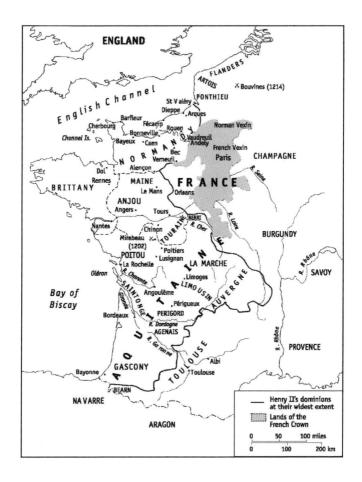

地圖2　亨利二世的歐洲大陸領地

整個基督教世界感到震驚，並且使貝克特在破紀錄的短時間內被追認為聖徒。在大眾的記憶裏，這位大主教象徵着對國家權力機構的壓迫所進行的反抗，但實際上沒有了他，每個人都會活得更好。當抗議的風暴趨於平靜時，國王對他廣袤王國的控制顯然一點也沒有因為有關貝克特的爭議而動搖。在12世紀70年代，亨利站在了權力的巔峰。

此時亨利二世已經決定，在他死後他的領地將在他的三個最大的兒子之間分割。亨利將得到他父親的遺產，即安茹、諾曼底和英格蘭；理查(Richard)將得到他母親的遺產阿基坦；傑弗里將獲得父親擴張得到的領土布列塔尼。在那時並沒有給約翰(John)留下甚麼遺產，但後來到了1185年，他得到了允諾，將獲得父親另一塊擴張所得的領土，即愛爾蘭。到那時，亨利二世的分割遺產計劃已經遇上了麻煩。問題就在於這些計劃喚起了兒子們過多的期望，而當亨利二世仍把真正的權力捏在自己手中時，他是無法滿足這些期望的。就這樣，從1173年起，亨利為對付造反的兒子們而不勝煩惱。不僅如此，那些叛亂者還總是能在法蘭西國王的宮廷裏受到熱烈的歡迎。1180年之後，這事還成了一個嚴重的問題，在那一年，處事溫和的路易七世把王位傳給了兒子腓力二世(Philip II Augustus)，一位決心消滅安茹王國的奸詐政治家。亨利二世的兩個兒子，即王位繼承人亨利和三子傑弗里

圖3 反映托馬斯‧貝克特生前和被害的兩個場景。左：亨利二世聽取人們關於貝克特拒不妥協的抱怨。右：大主教被謀殺。

分別於1183年和1186年辭世，這本來可以減少亨利的麻煩，但是這卻被老國王對約翰的明顯偏愛所抵消，因為這種偏愛引起了理查的恐慌。理查與腓力所結成的聯盟打敗了亨利二世，老國王在失敗之後於1189年7月6日在希農逝世。

　　只是在他生命的最後幾個星期中，統治廣袤領土的任務對於亨利來說才顯得過於沉重。他不停地從他王國的一個角落奔到另一個角落，幾乎給人一種他無處不在的印象——正是這個印象使得臣民們效忠於他。雖然中央政府的辦事機構，如內廷總管處、大法官法庭和軍事指揮機構等都隨他一起旅行，但是王國的幅員遼闊不可避免地刺激了地方行政機構的進一步發展，以便能在國王離去的時候處理日常的司法和金融事務。於是就像別的地方一樣，英格蘭的政府變得越來越複雜和官僚化。這種變化，加上亨利二世對於合理改革的興趣，使得他被世人視為英國普通法的創

始人，以及一位偉大並富有創造力的國王，但是在他自己的眼裏，這些都是次等重要的事情。對於他來說，真正重要的是家庭政治，所以他去世前認為自己是一位失敗者。但是在30多年當中，他在這方面還是十分成功的。

理查一世(1189–1199)

理查與腓力二世的聯盟意味着他作為父親權利和領土繼承人的地位是無人敢於挑戰的。約翰依舊是愛爾蘭的君王；屆時布列塔尼也將成為傑弗里的遺腹子，即現在已經兩歲的阿瑟(Arthur)的領地。其餘的領土全都任由理查處置。

然而理查不希望在英格蘭長期居住。他於1172年成為了阿基坦公爵，從那時起他的大部分時間都是在歐洲大陸度過的。就連他成為英格蘭國王之後，他也清楚地意識到，他所統治的領土遠遠不止英格蘭。結果他就像父親那樣，有着更為廣泛的興趣，擔負了更大的責任。這種責任的一個方面就是他給予耶路撒冷王國的支持，該王國是由安茹王室一個旁支的女兒所統治的，她嫁給了理查在阿基坦的一位扈從。1187年11月，當他聽說薩拉丁(Saladin)在哈廷戰役中大獲全勝的消息之後，理查立即參加了十字軍東征。因為受到父親統治末期牽涉進家庭糾紛一事的拖累，理查現在決

心一旦籌集到足夠的軍餉，以及為他長期缺席的情況下各個領地的妥善治理作好安排後，就揮師前往東方。

1190年7月，他和腓力二世在第三次十字軍東征中出發了。直到1194年3月理查才重新踏上了英格蘭的土地。在此期間，他率領了一支艦隊和一支大軍趕赴地中海的另一端。儘管沒能重新奪回耶路撒冷，但他在與強大對手薩拉丁的作戰中還是取得了令人驚歎的戰績。在十字軍東征的戰役中，理查應對並解決了諸如威廉一世、愛德華三世（Edward III）及亨利五世（Henry V）等其他英格蘭武士國王們都未曾遇到過的巨大後勤難題。他於1192年談判達成的《雅法和約》使得參與十字軍東征的那些國家還能夠繼續生存了一個世紀。在英格蘭的國王中，理查在世界史的重大事件中獨一無二地扮演了一個積極的領袖角色。

在他參加十字軍東征期間，英格蘭於1191年發生了一些動亂，但是他的應變計劃使王國又恢復了穩定的局面。法蘭西國王腓力回國之後曾企圖乘理查不在而佔英格蘭的便宜，但這種企圖也未成功。假如理查如他所希望的那樣於1193年1月回來的話，他就會發現自己的王國領土依然完整。

他的領土所遭受的蹂躪是他被囚於德意志期間發生的。他在監獄裏呆了一年多的時間（1192年12月–1194年2月），而且正如人們在1193年所認為的那樣，很可能會在那兒呆上更長的時間。

即使在這些不利的環境之下，理查在英格蘭的代理人也成功平復了理查幼弟的叛亂行為。真正的損失主要發生在歐洲大陸，尤其是在諾曼底，因為腓力在那兒侵佔了韋克辛，並且差點攻陷了魯昂城本身。

　　理查於1194年2月在交納了10萬馬克之後被釋放，這筆錢是國王贖金中先行支付的三分之二部分。在簡短訪問了英格蘭（1194年3–5月）之後，他回到了歐洲大陸，並在之後的五年當中經過艱苦卓絕的奮戰，收復了他被囚期間迅速失去的領土。到了1198年年底，理查純熟的外交手腕、卓越的指揮才能和與日俱增的人力和物力資源使得他成功收復了他以前失去的幾乎所有領土。就在那時，在1199年4月，理查因在圍攻利摩日附近的沙呂–沙布羅爾、即鎮壓由昂古萊姆伯爵（the count of Angoulême）和利摩日子爵（the viscount of Limoges）率領的叛亂時受傷而死。在安茹和卡佩這兩個王族的爭鬥中，理查之死將成為一個具有決定性意義的轉折點。

　　理查的偉大過人之處之一就在於他選擇手下大臣的能力，尤其是他在英格蘭選中的休伯特·沃爾特（Hubert Walter）。作為首席政法官、坎特伯雷大主教和教皇的使者，休伯特·沃爾特代表了國王與教會之間和諧的合作。在英格蘭，就像在安茹王國的其他省份一樣，理查的長期缺席就意味着要在沃爾特的監督下不斷發展出一個有效的中央政府機制。從理查臣民

的角度看，這意味着不斷增加的沉重賦稅，但是沒有證據顯示，戰爭的經濟負擔曾經使得安茹王國處於經濟崩潰的邊緣。

約翰（1199-1216）

理查沒有留下合法的後代，所以當他逝世時，安茹王國的各個不同部分選擇了不同的繼位者。英格蘭和諾曼底的男爵們選擇了約翰，安茹、曼恩和圖賴訥卻選擇了布列塔尼當時 12 歲的阿瑟；阿基坦繼續由約翰的母親埃莉諾（1204年去世）代表兒子進行統治。到了1200年5月，約翰已經把阿瑟趕下了台，並且使自己成為整個安茹王國的君主，儘管他也付出了沉重的代價——他拋棄了所有的盟友，並且根據 1200 年 1 月簽訂的《勒古萊特條約》把韋克辛和埃夫勒割讓給了法蘭西國王腓力。同年晚些時候，他宣告自己的第一樁婚事無效，並迎娶了昂古萊姆的伊莎貝拉（Isabella of Angoulême）。與昂古萊姆的這位女繼承人結婚對他來說具有重大的戰略意義，而假如約翰給她的未婚夫呂西尼昂的休（Hugh of Lusignan）支付適當的補償的話，也許一切都會安然無恙。然而這次婚姻卻引出了一系列的事件，導致休向法蘭西宮廷提出了申訴，而且還導致了1202年法王腓力宣佈沒收約翰所有在歐洲大陸上的領地——即他所持法蘭西國王的封地。由於他對

圖4 12世紀人們用燒紅的器械來烙傷口，圖的下方可以看到有一位助手
正在給這些器械加熱。（該插圖出自12世紀達勒姆大教堂小隱修院
一位名叫赫伯特[Master Herbert]的醫生之醫學論着。）

待安茹和普瓦圖首要男爵們的態度不當，從而喪失了於1202年7月在米爾博俘虜阿瑟時所贏得的所有優勢；有關他侄兒被謀殺（1203年4月）是由他指使的有鼻子有眼的傳聞進一步損害了他已經有污點的名譽。在一種懷疑和恐懼的氣氛中，約翰覺得無法組織一次有效防禦。1203年12月，他認輸並撤回了英格蘭。腓力侵佔了諾曼底、安茹、曼恩、圖賴訥和除去拉羅謝爾之外的整個普瓦圖。這些令人羞辱的軍事挫折使約翰得到了一個新的綽號。「無地王」（Lackland）[2] 現在成了「軟劍」（Soft-sword）。

　　1203年12月前，約翰就像其父親和兄弟那樣，大部分的統治時間是在歐洲大陸的領地上度過的。從那一年以後，他在環境的逼迫下，成為了一位英格蘭國王。自從斯蒂芬的統治以來，這個國家還沒怎麼見過它的君主長期駐紮，然而一位總是懷疑人們在陰謀反對他的國王很難給人民帶來快樂和益處。約翰的存在給人們帶來的壓力甚至在北方都能夠感覺到，那兒的人們還不習慣英格蘭國王的大駕光臨。他們的憎恨所達之程度可以在1215–1216年間反對約翰的北方人的人數上體現出來。毫無疑問，他面臨着真正的困難。他責無旁貸地試圖收復他失去的遺產，1203–1204年間的

2　約翰為亨利二世第四子。長兄和三兄早亡。父王把在法國的領地全部授予幾位兄長，由於已經沒有領地可以封給約翰，所以被稱為無地王。

征服意味着法蘭西國王現在已經是一個更令人生畏的敵人。此外，約翰統治初年的物價飛漲也會腐蝕皇家歲入的真正價值。結果，約翰經常徵收繁重的賦稅並制定嚴厲的森林法，其中後者是一種有利可圖、卻非常不受人歡迎的收入來源。

約翰還跟教會翻了臉。1205年坎特伯雷主教區一次有爭議的選舉導致了他與教皇英諾森三世(Innocent III)的衝突。1208年英諾森對英格蘭和威爾士發佈了一個禁令，暫停了那兒所有的教堂禮拜儀式，並且一停就是六年。1209年，約翰本人也被逐出了教會。無論約翰還是世俗社會的民眾似乎都沒有對這種狀況表示過多焦慮；事實上，由於約翰對禁令作出的反應是沒收教會的地產，它甚至還幫助減輕了他的財政困難。但是1212年一次男爵們的陰謀和腓力企圖渡過英吉利海峽的計劃使得約翰意識到，被逐出教會的國王特別容易遭受叛亂和入侵。所以他決定與教會和解，以便能騰出手來對付更危險的敵人。他於1213年5月同意把英格蘭作為教廷的一個采邑，以此完全贏得了英諾森的支持，於是在此後的鬥爭中約翰便以教皇的追隨者自居。但這並沒有給他帶來甚麼好處。

所有的人現在都開始關注約翰試圖收復他失去領土的努力有何結果。1214年，他領導了一次對普瓦圖的遠征，但是他所組成的聯盟在布汶戰役(1214年7月)中的失敗必然導致他歐洲大陸戰略的失敗和在英

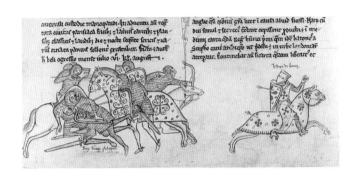

圖5　1214年布汶戰役中的一個戲劇性場面，聖奧爾本斯教堂編年史家馬修‧帕里斯（Matthew Paris）的作品，此人也許是13世紀英格蘭最著名的畫家。法蘭西國王腓力被打下馬來。假如他一直被困在地上，約翰的許多麻煩也許就可以解決了。請注意那些全副武裝的騎士們的武器的多樣性：劍、長矛和弓。

格蘭開始發生叛亂的局面。然而叛亂者也有其真正的困難。通常叛亂的領導權是由一位心懷不滿的王室成員所掌控的。在阿瑟被消滅之後，約翰再也沒有一位這樣的對手。他自己的兒子們還過於年幼。唯一可能的候選人就是腓力二世的兒子路易（Louis），但是一位卡佩家族的王子算不上是一位有吸引力的叛軍領袖。所以叛亂者想出了一種新的反叛焦點：即一個改革方案。1215年6月，叛亂者在奪取倫敦之後，迫使約翰接受了在一個文件中所列出的條件，這個文件後來就被稱作《大憲章》。從本質上來說，它是對過去60年安茹統治中某些令人討厭的特徵所進行的敵意評論。就其本身而論，它顯然是約翰所不能接受的，他把這份在蘭尼米德所簽訂的協議只是看作爭取時間的一個

手段。促使《大憲章》得到實施的企圖只是導致了進一步的紛爭。最後，叛亂者只能邀請路易登上王位。1216年5月，他進入了倫敦。當約翰在沃什灣的流沙中失去他的部分輜重隊之後不久，他本人於1216年10月逝世，之後英格蘭因內戰而陷入分裂，戰爭的局勢對於安茹王朝顯得非常不利。約翰具有的某些品質使得一些現代歷史學家特別喜歡他。他對政府和法律事務的細節非常感興趣，然而在他的那個時代，這些東西被視為雕蟲小技。如果認為他比前任國王們更加忙碌，那是一種錯誤的看法。從1199年起的大法官法庭記錄的存世使得歷史學家們首次可以看到，國王手下的政府是如何開展其日常工作的。其結果就是，他們有時候得到的印象是約翰非常能幹。實際上他是一個非常不稱職的國王，在那些真正重要的方面，即如何管束他那些位高權重的臣民這一問題上，他顯得極為弱智。

亨利三世(1216–1272)

代替約翰九歲的兒子亨利(Henry)掌權的少數派顧問委員會很快就獲得了陸上(1217年5月的林肯戰役)和海上(1217年8月的多佛戰役)的戰爭勝利，這是亨利的父親所沒有得到過的。由於受到戰敗的影響，路易的支持者迅速減少。1217年11月，他接受《蘭貝斯條約》，撤出了英格蘭。

直到 1232 年，亨利才開始親政。少數派往往會造成階段性的政權不穩定；但總的來說，那些少數派的代表，尤其是在政治上輔佐亨利直至他成年的於貝爾·德布爾（Hubert de Burgh），做得相當不錯。大部分的權力鬥爭都發生在議事室裏；導致動武的事件很少，而且往往時間很短。作為一系列撫慰性舉措的一部分，《大憲章》得以增補和重新頒佈。但是當顧問委員會的貴族們把注意力集中在他們自己的競爭和在英格蘭、威爾士發生的事件上時，他們對於國王在海外的遺產自然並不是那麼關注。他們中間沒有人在普瓦圖和加斯科涅擁有地產。1224 年，就在這樣一次內部爭吵中，他們的卡佩家族敵人，當時的路易八世，侵佔普瓦圖，奪取拉羅謝爾，並且威脅到了加斯科涅。1225 年的一次遠征鞏固了英格蘭在加斯科涅的地位，但是並沒有為收復普瓦圖作出任何認真的努力。此後 1230 年和 1242 年的兩次遠征規模更為龐大，但都是鎩羽而歸。1224 年之後，亨利三世的祖先們在歐洲大陸上曾經擁有過的領土中只剩下了加斯科涅。這件事的影響就是逆轉了 12 世紀的領土平衡。曾幾何時，英格蘭只是安茹王朝勢力範圍中的省份之一；現在它無可爭議地成為了金雀花王朝領地的中心。最終，通過 1259 年的《巴黎條約》，亨利放棄了他對諾曼底、安茹和普瓦圖的領土要求，並且為了加斯科涅而向路易九世（Louis IX）宣誓效忠。

圖6 《大憲章》。雖然作為一個和約，1215年的憲章（見頂部）是失敗的，然而作為一個法律聲明，它卻一直受到很高的重視。在約翰去世以後，它被進行了修正，並分別於1216、1217和1225年重新頒佈。在1217年第二次重新頒佈這部憲章的同時，還附了一個專門針對森林法的小憲章（見底部），因此它就被後人稱作《大憲章》（Magna Carta）。

現實地講，《巴黎條約》是亨利三世所取得的最大政治勝利，但他只是極不情願地接受了路易九世所提出的慷慨條件，希望能借此把自己從其他困境中解脫出來。其中最主要的一個困境就是，由英格蘭國內勢力最大的權貴們所組成的一個死黨聯盟正威脅要舉行武裝叛亂來反對他。從 1223年起，亨利就一直面對此起彼伏的反叛浪潮。一次又一次地引起爭議的問題就是他對於朋友和顧問的選擇，正是這些人獲得了國王恩典的最大份額。這一問題因下列事實而進一步惡化，即國王的許多親信並不是英國人——而這個時期英國政治正在變得日益偏狹化。亨利是一個家庭觀念很強的男人，他從1236年起就跟普羅旺斯的埃莉諾（Eleanor of Provence）結下了幸福的姻緣，並且隨時準備對妻子的親屬們提供慷慨的幫助。當他的同母異父兄弟們——即作為他母親第二次婚姻後代的呂西尼昂家族成員（the Lusignans）——在法國的境遇越來越困難時，他歡迎他們來到英格蘭；從1247年起，這些呂西尼昂家族成員不斷地使英格蘭的氣氛變得更加惡化。

　　同樣引起爭議的是國王為第二個兒子埃德蒙（Edmund）而破費的計劃。1252年，教皇主動提出把西西里王國送給亨利；1254年，他以埃德蒙的名義接受了教皇的饋贈。不幸的是，西西里實際掌握在曼弗雷迪（Manfred）手中，即霍恩施陶芬皇帝腓特烈二世（Frederick II）的私生子。亨利不僅同意為征服該島國

出錢，而且還答應為教皇償付現有的債務 —— 而教皇為了與曼弗雷迪打仗，已經花去了大約有13.5萬馬克的一大筆錢。這是一個荒唐的承諾；在1258年，它最終導致了男爵們從國王手中奪走了政府，並且啟動了影響深遠的改革計劃：即 1258年10月的《牛津條款》和1259年10月的《威斯敏斯特條款》。從一個成年的國王手中奪取權力，並將它交給一個選舉出來的貴族委員會，這是一個具有革命性的步驟。在隨後的5年當中，英格蘭一直都在內戰的邊緣蹣跚而行。當戰爭於1264年春天終於來臨時，爭執的焦點集中到了一個問題上：國王是否有選擇外國人作為顧問的自由？具有諷刺意義的是，最堅定不移地認為那些為「王國社區」代言的男爵們才具有最終決定權的人西蒙·德蒙特福特(Simon de Montfort)自己生來就是一名外國人。此時西蒙已經是權力很大的「社區」成員：1231年以後是萊斯特伯爵，1238年以後又成為國王的妹夫。1264年，西蒙伯爵贏得了劉易斯戰役，但第二年又在伊夫舍姆戰役中打了敗仗，戰死後還被人肢解。在亨利三世統治的最後幾年當中，國王權威的完全恢復是與下列事件相結合的，即在《莫爾伯勒法令》(1276)中承認，要維護包括《自由憲章》和《威斯敏斯特條款》中的某些內容在內的「王國慣例」。伊夫舍姆戰役的勝利者和王位繼承人愛德華對於這種中庸的氣氛感覺不舒服，於是便參加了十字軍東征，使他的父親

能夠不受約束地專注於重建威斯敏斯特教堂。

愛德華一世（1272–1307）

1272年，正當愛德華在西西里，即從十字軍東征歸來的途中，他聽到了父親去世、自己被宣佈為國王的消息。他放慢了回家的步伐。在巴黎，他字斟句酌地為他在法國的領土向腓力三世（Philip III）宣誓效忠說：「我為應該為您擁有的所有領土向您宣誓效忠。」他接着往南去了加斯科涅，1273–1274年間他就是在那兒度過的。1286–1289年間，他又重新訪問了加斯科涅。他是最後一位在波爾多擁有王宮的英格蘭國王，而當他於1289年7月離開的時候，它標誌着一個時代的結束。然而英國人在加斯科涅的統治並非是一個直線衰落的故事。例如在1279年，法國人最終交還了阿熱奈，這是他們按照《巴黎條約》的條款所必須做的。阿熱奈是一個重要的葡萄產地，它的歸還進一步加強了波爾多與倫敦之間迅速發展的貿易聯繫。波爾多的葡萄酒關稅在13世紀40年代每年只有300英鎊，但是60年以後就達到了6,000英鎊。作為回報，加斯科涅人也進口了英國的棉布、皮革和穀物。在不斷擴展的商業貿易中互惠互利把這兩個社區緊緊地鉚在了一起。

1274年10月，在回到英格蘭之後不久，愛德華就對王室成員和男爵官員們的活動進行了一番調查。就

像那之前類似的調查那樣，它揭露了大量的冤情。為了對其中的一些冤案進行平反，以大法官羅伯特·伯內爾(Robert Burnell)為首的國王顧問們就一系列廣泛的問題頒佈了新的法律。但即使是在立法最多的時期(1275–1290)，也沒有人作任何努力，按查士丁尼法典(Justinian law)的方式來將英國法律編集成典，而且這些成文法既關注臣民們的自由，也給予國王的權利以同等的關注。

從 1276年到 1284年，愛德華的主要精力都放在威爾士的問題上了。最初他的計劃是削弱盧埃林·阿普·格魯菲德[3](Llywelyn ap Gruffydd)的權力，然後把這位威爾士親王的土地分別交給他的兩位兄弟，戴維德(Dafydd)和格魯菲德(Gruffydd)。然而在1277年的戰役取勝之後，他施行了一個使威爾士人感到屈辱的和平條約，而且沒有把戴維德所期待的獎賞給他。1282年，威爾士人發動了叛亂。在1282–1283年間的戰爭中盧埃林被殺死，戴維德被俘虜。其後對戴維德進行了審判，並以叛逆者的罪名處死了他。這是自1076年以來第一個因參與叛亂而被定死罪的人。與1277年的戰役不同，1282–1283年間的戰爭從一開始就是一場征服領土的戰爭。由於愛德華在資源上佔有巨大的優勢，

---

3 盧埃林·阿普·格魯菲德(?–1282)是佔據了圭內斯的一位諸侯，曾數次舉行起義，反抗英格蘭的軍隊。1282年，他在第三次爭取民族獨立的起義中戰敗身亡。

所以這並非是一樁十分困難的任務。

儘管征服威爾士可以視為好幾個世紀戰爭的頂峰，但英格蘭與蘇格蘭這兩個王國之間的關係在13世紀大部分時間內卻是出奇地好。但在1286年，亞歷山大三世(Alexander III)因墜馬而死，而他唯一的孫女，綽號為「挪威少女」的瑪格麗特(Margaret)，被推為王位繼承人。愛德華一世提出她應該與他自己的兒子和繼承人愛德華結婚。蘇格蘭的權貴們同意了這個提案（《博格姆條約》，1290年7月），但同時又堅持蘇格蘭應該保持它自己的法律和習慣。

不幸的是，6歲的瑪格麗特於1290年9月在奧克尼去世。愛德華抓住了這個機會，要行使他作為最高領主以及裁定王位競爭者的權力。經過複雜的法律論證，他決定選擇約翰·巴利奧爾(John Balliol)作為王位繼承人；1292年的聖安德魯紀念日，新國王在斯昆登基。直到這個時候，愛德華都有理由宣稱他所採取的措施有助於在蘇格蘭保持和平與秩序；但從那時起，他對待蘇格蘭人的專橫做法將挑起一場長期而具有災難性的戰爭。

第三章
中世紀早期的政治、法律和宗教

威爾士及其邊疆地區

11世紀的威爾士是在一個多山區域中眾多小王國的集合體。這些王國都是沒有固定邊界的。它們按照法律(在兒子們之間分享遺產的習俗)和政治(各統治者的野心和軍事實力)來擴展或收縮。雖然英格蘭國王們在傳統上宣稱在這兒有最高統治權,但他們並沒有花多大力氣來把定義不明的最高領主權改造成一種永久性的軍事和行政控制。起初諾曼人征服英格蘭的慣性似乎會使那些新來者橫掃威爾士。在赫里福德、什魯斯伯里和切斯特的諾曼伯爵們事實上已經過特許,可以奪取任何他們想要的東西。但是經過1067–1075年間這段迅速推進的時期之後,他們發現自己的進程受到了獨特地形的阻礙。結果,他們的殖民努力長期局限於低地和河道流域上,尤其是在南方。能幹的威爾士君王們趁英格蘭在1135年之後局面不穩定,及《大憲章》出臺的時機,重新掌握了主動權,並控制了他們此前失去的土地。直到愛德華一世的統治時期,諾曼

人的威爾士征服才大功告成。就這樣，在這整個時期中，威爾士就是一個戰場，一個堡壘林立的國家。威爾士的君王們和盎格魯-諾曼的邊疆貴族們相互打仗與談和，因此兩者都享有後來憲法律師們所謂的「主權」。

在這一時期的大部分時間裏，征服是由個別的盎格魯-諾曼的男爵家族以零敲碎打的方式來承擔和執行的：如克萊爾家族(the Clares)、莫蒂默家族(the Mortimers)、萊西家族(the Lacys)、布勞斯家族(the Braoses)。他們所征服的那些領土實際上是正常英國統治體系之外的「私人」貴族領地。然而，這些家族仍然是英格蘭國王的臣民，偶爾國王還會以極端的方式提醒他們注意這個事實。1102年，亨利一世打垮了什魯斯伯里伯爵蒙哥馬利的羅傑(Roger of Montgomery)的兒子們，並且肢解了他們父親的邊界「王國」。1208-1211年間，約翰將威廉‧德布勞斯(William de Braose)逼入了絕境。征服和殖民的基礎工作留給邊疆貴族們去做，而總的戰略方針仍然掌握在國王手中。例如要由國王來決定跟當地的君王們應該保持甚麼樣的關係：由於一些威爾士王國被消滅，而剩下的那些王國變得越來越鞏固，因此這種關係就變得越來越重要了。

到了12世紀下半葉，德赫巴斯和圭內斯的統治者們都非常傑出，尤其是里斯伯爵。在13世紀中，圭內斯的兩位君王，盧埃林大王(Llywelyn the Great)和他的

孫子盧埃林・阿普・格魯菲德，甚至做到了運用武力和外交，讓所有其他的威爾士王朝都臣服於他們的權力之下。事實上，在《蒙哥馬利條約》（1267）中，盧埃林・阿普・格魯菲德成功說服不情不願的英格蘭國王亨利三世承認了他贏得的領土和他的新頭銜，「威爾士親王」。

但是8年前的另一個條約決定了威爾上的命運。1259年，亨利三世在《巴黎條約》中接受了他損失大部分歐洲大陸財產的事實。跟法蘭西的和平意味着一位英格蘭國王，假如他願意的話，可以集中精力來對付它的鄰國。隨後而來的就是愛德華的征服和建築城堡的宏大計劃。通過《威爾士法令》（1284），新得到的土地都按照英格蘭的模式劃分為郡：弗林特、安格爾西、梅里奧尼斯和卡那封。至於威爾士法律和習俗，愛德華宣佈：「它們中間有些我們已經廢止，有些我們允許，有些我們已加以更正，其他的我們已經增加。」這句話的意思實際上就是，英國的普通法已經被引進了威爾士。

1287年和1294–1295年間，威爾士都爆發了叛亂，但是城堡證明了它們的價值。弗林特、里茲蘭、阿伯里斯特威斯、比爾斯、康韋、卡那封、克里基厄斯、哈勒赫和博馬里斯——這些都是大名鼎鼎的城堡，而且建造和維護都十分昂貴。這是愛德華為保障他的征服和防止叛亂大火所付出的高昂代價。

一方面是英格蘭對威爾士南部和東部零敲碎打的征服，另一方面是它對威爾士北部和西部的大規模突然襲擊，這兩者之間的對比在威爾士的政治地理學上留下了一個不可磨滅的印記。愛德華一世所征服的土地大部分都保留在國王的手中；其餘的則都分割給了眾多的大貴族，即威爾士邊疆貴族們。至於被英國人設計於1282年殺死在艾豐橋上的盧埃林親王，他的命運就是成為有些20世紀威爾士民族主義者的崇拜對象。

蘇格蘭

　　與支離破碎的威爾士相反，在11世紀，蘇格蘭的大部分地區，尤其是最富裕的南部和東部，是由一個國王——即蘇格蘭國王——所統治的。儘管教皇接受威爾士主教區歸屬坎特伯雷管轄的做法，但他卻支持蘇格蘭教會的獨立。自從阿瑟爾斯坦（Athelstan）的統治開始，蘇格蘭國王偶爾也承認英格蘭國王的領主地位，但是兩國的關係僅限於此——或將會變得如此。一方面，蘇格蘭國王的力量足夠強大，並不太懼怕盎格魯–諾曼男爵們騷擾威爾士甚至愛爾蘭時的那種「單打獨鬥」的入侵方式。另一方面，他的國土過於貧瘠，而且他住的地方過於偏僻，以至於不能引起英格蘭國王的興趣。此外，雖然發動一次針對蘇格蘭人的成功遠征並不是太困難，但是征服和控制一個這麼偏

遠國家的雙重難題對於自己的基地位於泰晤士河流域或者更南部的國王們來說似乎 —— 或很有可能 —— 是無法解決的。

蘇格蘭人也沒有因英國人的麻煩而困擾。除了國王戴維一世（1124–1153）在斯蒂芬統治時期的內戰中利用時機，得到了諾森伯里亞（1139–1157）之外，它跟英格蘭的邊界保持了11世紀剛劃清時的狀況。更為重要的是王國的擴張使得它的領土包括了最北部和西部的大部分海岸線（凱斯內斯、羅斯、馬里、阿蓋爾、加洛韋）。這種擴張主義政策的頂峰是在挪威國王根據《珀斯條約》（1266）歸還了西部島嶼時所達到的。下列三位接連在位的國王領導權的穩定性和連續性為蘇格蘭在這段時間的擴張提供了實質性的支持：威廉一世（William I, 1165–1214）、亞歷山大二世（1214–1249）和亞歷山大三世（1249–1286）。

與高地的領土擴張相對應的是低地的內部發展。市鎮、修道院和大教堂在這兒紛紛建了起來，另外還修築了城堡和形成了郡的建制，以便把王國變成容易管理的行政單位。皇家鑄幣局開始鑄造銀便士（與英格蘭的銀幣平價對等），並且還收取進口稅。蘇格蘭統治者的婚姻顯示，在12和13世紀中，蘇格蘭越來越成為「歐洲」政治場景的一部分。所有這些發展中最引人注目的是，它們很少涉及戰爭。只要英格蘭國王沒有對征服蘇格蘭懷有不現實的野心，就沒有理由去改變現狀。

英國政府與王室

政府最重要的組成部分就是國王本人。他的性格要比任何其他單個的因素都更為舉足輕重——從愛德華一世的統治與他父親和兒子的統治之間的對比就可以明顯看出。但是國王自然不能獨自一人來進行統治。無論他去哪裏，身後總是跟着一大群人：侍臣、官員、僕人、商人、請願者，以及形形色色的扈從。

這群隨從的中心則是王室。其中有一部分是分工詳細的家政服務人員：廚師、管家、貯藏食品管理人、馬夫、帳篷管理員、車夫、馱馬夫和國王床鋪的挑夫。還有負責國王打獵的人、獵狗管理人、吹號者、箭手。另外還有兼顧政治、行政和家政的人。其中有些人有很明確的分工。大法官負責保管國王的禦璽，並管理大法官法庭的文書們。司庫和內侍負責照顧國王的金錢和貴重物品。王室總管和最高軍務官掌管軍事機構。但是王室就像國王一樣，是具有全權的，任何一位王室的高級官員，例如管事，很可能發現自己身負重要的政治和軍事任務。

有些官員是教士。直到14世紀40年代，大法官和司庫總是由教士來擔任。但有許多官員是世俗人：內侍、管事、總管、王室最高軍務官，還有地方上的行政司法長官。中世紀的英格蘭國王並不是完全或主要依靠教士的行政管理能力來統治一個國家的。他們也

不依賴於利益與大地主和權貴們的利益相對立的一小撮王室官員。相反，王室一般包括一些權力最大的男爵。他們雖是王室的僕人但同時也是擁有大量地產的貴族和他們自己家裏的主人。通過他們的影響，國王的權威被帶往各個地區。這個非正式的權力體系經常因王室成員被指派出任地方官職而得到加強。在紅臉威廉的統治下，「管事」哈莫(Hamo)是肯特郡的行政司法長官；厄斯·達貝多(Urse d'Abetôt)是王室總管和伍斯特郡的行政司法長官。在整個12和13世紀中，王室的騎士連續不斷地被聘任為地方行政司法長官。政府的主要動力就隱藏在這樣一個王室之中。這對愛德華一世頒佈《王室法令》的1279年來説是真實的，就像它對現存描述王室最早的「王室法令」(Constitutio domus regis)出現的大致日期1136年來説也是真實的一樣。此外，沒有理由相信在「王室法令」中所描述的王室跟威廉一世的王室，或甚至跟克努特[1](Cnut)的王室，有甚麼很大的不同。

同樣，王室也是軍事組織的中心。人們早就認為，愛德華一世統治時期的軍隊實際上就是一支皇家禁衛軍。王室的騎兵構成了一支職業化的特遣部

---

1 克努特(995?–1035)是丹麥王斯凡一世之子，1016年征服英格蘭，登上英格蘭王位，1019年克努特即丹麥王位。1028年擊敗挪威和瑞典，成為挪威國王，並佔領瑞典南部地區。至此，克努特被推尊為「大帝」，建立包括英格蘭、丹麥、挪威、蘇格蘭大部和瑞典南部的「北海大帝國」。

隊，可以對任何突發事件作出快速反應。遇到大規模戰役時，它還可以迅速擴充。王室的騎士們經常要負責組織和指揮大型的步兵分遣隊。王室侍從們(the familiares)起初拿的是年俸，後來改為按在王室的服務天數付給他們日薪。過去人們一直認為，這種做法與諾曼人時代的通行做法相距甚遠，因為當時的軍隊基本上都是由國王土地承租人為響應國王戰爭動員令而召集的一定數量的騎士所組成的「封建軍隊」。然而對1100年前後許多殘存證據所進行的仔細研究顯示，不僅很難發現有這樣的「封建軍隊」存在，而且愛德華王朝的所有基本特徵當時都已經存在 —— 聘用費、日薪、有計劃擴張的框架、王室軍隊既是主要城堡的衛戍部隊又是戰場上作戰的主力部隊(由騎士和騎射兵構成)，以及僱用王室的騎士擔任增援部隊的指揮官。沒有理由相信克努特國王侍衛們的職責跟上述各項任務有甚麼本質上的區別。

出於一些實際考慮，和平時期的王室侍從的數量有一個上限；光是交通和飲食問題就足以成為這麼做的理由了。在某種程度上，國王出行路線的事先計劃幫助解決了這些難題；因為商人們預先知道王室將要落腳的地方，就可以作出安排，帶着商品及時趕到那兒。但國王的到來對於任何他所要經過的地區來說都是一個幾乎難以承受的負擔。王室的需求對於當地的商品儲備和價格有着戲劇性的影響；它造成了一種容

易受到人們辱罵的局面。坎特伯雷一位名叫埃德默的僧侶這樣描寫他所不喜歡的一位國王，即紅臉威廉的王室侍從們：「國王的侍從們習慣於掠奪和毀壞一切；他們使自己經過的國土一片荒蕪。因此，當人們得知國王就要來臨時，都紛紛逃往了森林深處。」在愛德華一世的統治下，仍然是那種計劃和掠奪的組合。一封宣佈國王要在諾丁漢過復活節的消息的官函安慰當地的人民不要過於驚慌，因為國王答應很快就會離開，就像他來時那樣。

就這樣，既出於政治的原因，即國王需要讓人們知道他的存在，也出於經濟上的原因，即不給當地人造成過於沉重的負擔，國王總是在不斷地旅行。領地面積的擴大意味着安茹國王們不得不比他們的前任們更加辛苦地長途跋涉，不過約翰的政治失敗至少具有減輕他旅行困難的效果。在1203年以後，國王巡視的路線變得越來越局限於英格蘭，在愛德華一世統治時期，還得加上北威爾士。在1289年以後，再也沒有其他國王訪問過加斯科涅。與此同時，進出倫敦的那幾條大路逐漸變得越來越重要。到了1300年，國王的巡視路線已經不再像約翰王在位時那樣，總是在王宮和作為古代西撒克遜國王心臟地帶的「韋塞克斯中部」獵場行宮間不停奔波。

然而，就在政治和經濟的原因使得王室成員不斷流動的同時，同時代的另一個特徵卻指向了一個相反

的方向：即官僚機構得到了似乎是不可阻擋的發展。考慮到王室的規模大小受到了實際情況的限制，當國王的秘書和財務官員數量變得越來越多時，將會發生甚麼樣的情況呢？不可避免的結果就是，並非所有的人都能夠繼續跟隨國王旅行。有些人不得不在一個合適的地方定居下來。事實上，到了1066年的時候，就已經出現了這種情況。當時在溫切斯特已經有了一個永久性的王室金庫，即一個存放國家歲入記錄和白銀的場所，這就需要有一個永久性的工作班子來守護和管理它。到了1290年，英國有了更多定居的官員，包括神職人員和世俗官員，在大法官法庭和財政部任職，他們在威斯敏斯特定居下來，而非在溫切斯特。但是這個官僚機構的發展並沒有改變生活中最基本的政治事實：國王仍然在全國各地巡視；他仍然隨身帶着禦璽、一個秘書班子和財政方面的專家 —— 最重要的政治和行政決定就是在這個移動的班子裏作出的，而非在威斯敏斯特。在1290年，就像在1066年那樣，無論是在戰爭時期還是在和平時期，馬背仍然是政府的主要所在地。當時仍然沒有首都，只有國王的通衢大道。

恩澤的力量

官僚機構的發展也沒有改變下列基本事實，即王國的政治穩定性依然主要有賴於國王掌控那個規模雖

小、但能量巨大的貴族集團的能力 —— 正如亨利三世和愛德華二世(Edward II)統治時期的事件所表明的那樣。國王土地承租人是以甚麼條件從國王那兒得到不動產的呢？跟盎格魯–撒克遜時期的英國一樣，他們必須侍奉和幫助國王：這主要意味着政治服務和戰爭時期的軍事服務；在有些情況下，他們甚至還要向國王提供財政援助。此外，一位國王土地承租人的繼承人還必須支付一筆被稱作地產繼承獻納金的稅款，才能夠真正繼承遺產，而假如作為繼承人的他或她依然年幼，國王就會親自來監管這些財產，並且按照某些協議，幾乎是隨心所欲地來處置這筆財產。在這些情況下，國王控制被監護人的婚姻。假如沒有直接的繼承人，那麼在為寡婦 —— 她的再嫁也受國王的控制 —— 準備了養老的款項之後，國王就可以再次將這塊土地授予他所喜歡的任何人。對於王國內最富裕人家之遺產和婚姻的這種控制意味着國王恩澤的力量是極其巨大的。他不僅可以隨意授人以官職，而且還可以任意處置男女繼承人和寡婦。就這樣，例如理查一世將彭布羅克伯爵的女繼承人嫁給威廉·馬歇爾(William Marshall)，他實際上一下子就把威廉變成了一個百萬富翁。當今西方世界的政治領袖沒有誰具有像一位中世紀國王手中那麼大的恩澤力量。因此國王的宮廷成為整個政治體系的中心是不足為奇的，在這個騷動、活躍、緊張和做作的地方，男人們和少數女人們在一

起互相勾心鬥角，拼命吸引國王的注意力。無怪乎12世紀的一個文學傳統就是將宮廷侍從的生活描述得像地獄一般漆黑，但就在地獄的門口，還有成百上千的人千方百計地想衝進來。在這樣的環境下，恩澤就成了國王手中最牛的王牌。他如何出牌是一件舉足輕重的大事，倘若一位國王出錯牌的話，很快就會使自己陷入困境。

這種恩澤制度的基本特徵早在紅臉威廉的統治時期就已經存在。從亨利一世於1100年頒佈的《加冕憲章》條款中就可以清楚看出。顯而易見，這種制度在愛德華一世的統治時期依然存在。《大憲章》就已經闡明了這一點，而且在某種程度上甚至還修訂了這種制度。例如在1215年以後，男爵的地產繼承獻納金就被固定在100英鎊這個數額上。然而，國王仍然可以操縱有關遺產、監護權和婚姻的法律，來滿足他個人的嗜好，即究竟是像愛德華一世那樣為自己的家庭謀求利益，還是像愛德華二世那樣去培植親信。不太清楚的是這種制度是否在1066年就已經存在。大部分歷史學家也許會說那時候它並不存在。但是發人深省的是，克努特王，也許還有艾特爾雷德二世[2]，已經像1100年的

---

[2] 艾特爾雷德二世（Aethelred II，別名 Aethelred the Unready，968?–1016）是978–1016年間在位的英格蘭國王。980年，北歐海盜入侵時，有不少丹麥人在英格蘭定居下來。艾特爾雷德二世因屠殺丹麥移民而招來了丹麥人的再次入侵。1013年，他敗給了丹麥國王斯韋恩之後，流亡諾曼底。

那部憲章的條款那樣信口開河地在向部下許諾了。

　　恩澤是有利可圖的。人們不惜用金錢賄賂，以獲得國王的恩澤：(大法官以下的)官職、繼承領地遺產權、土地的保護、監護權和婚姻——或者甚至是虛無縹緲的國王親善。所有這些都是要付出代價的，而價碼則是可以商量的。這是國王可以通過不斷地漫天要價而獲得更多金錢的一個領域。在這樣的情況下，任何告訴國王他的土地承租人是多麼富有的文件自然是非常珍貴的。《末日審判書》正是這樣的一個記錄——它顯示出整個國家的一半財富掌握在不到200人手中。通過趁他們遇上政治麻煩時處以高額的罰金，或者是將他們所想要的東西待價而沽，國王便找到了一個向富人敲竹槓的實用方法。當然，這種信息必須經常更新，於是在整個12世紀和13世紀中，王室找到了各種方法來確保信息的更新。例如，現存有一份由亨利二世的政府所製作的文件起了一個很有趣的名稱：《女士、男孩和女孩的花名冊》(Roll of Ladies, boys and girls)。這樣，在威爾士的傑拉爾德(Gerald of Wales)這位懷有敵意的觀察家眼中，這位國王就像是「一位不斷地在潛行、刺探和尋找薄弱環節，以便可以隨時偷東西的強盜」。傑拉爾德所談論的是在安茹國王統治下他的立場，但也許喪夫的切斯特伯爵夫人露西(Lucy)會同意這一點，因為她得給亨利一世 500 馬克，以換取孀居五年的特權。整個王國內大多數有

影響的人都半永久性地欠債，這一事實給了國王一個強大的政治槓桿——而且國王經常運用這一槓桿。例如1295年，愛德華一世便以要收債的威脅來逼迫一群不情願的權貴們前往加斯科涅。

現存最早記錄王室歲入的詳細報表，即1129–1130財政年度的捲筒案卷，顯示出國王的恩澤是多麼地利潤豐厚。在這一財政年度，據記載亨利一世通過施與此類恩澤收取了大約3,600英鎊。這相當於他有案可查之歲入的15%，比他的稅收所得還要多。然而那份詳細報表中的計算方法向我們透露了更多的細節。在1129–1130 財政年度，當年和前些年中提出交付此類獻納金而現到期應繳的總數幾乎達到了26,000英鎊，所以說國王真正收取的只是這個總數的14%。例如威廉·德龐特·德拉西（William de Pont de l'Arche）提出用1,000馬克來換取宮廷內侍的職位，而在1129–1130年度，他只繳納了100馬克。這意味着假如國王對於威廉的舉止行為感到滿意的話，其他的分期付款也許會中止或取消。對於財政大臣不至於催逼交錢過甚的期望具有鼓勵人們出價更高的效果。但是失去國王恩寵的人會發現，他必須立即繳清這筆錢，否則就會惹上更大的麻煩。例如這就是威廉·德布勞斯在約翰王統治下所遭受的命運。換言之，只收取一小部分該收的錢並非表明政府長期而嚴重的效率低下，而是對國王恩澤這種具有無限彈性體制的進一步完善。

英國王室的歲入

專橫的國王總是在掏臣民的腰包。愛德華一世因「貪婪之王」(Le Roi Coveytous)的綽號而臭名昭著，正如威廉一世被指「最喜歡貪婪」。在一個更抽象的層次上，早在12世紀就有人提出，國王的權力是可以用金融術語來進行衡量的。倫敦主教和英國財政大臣理查·菲茨尼爾(Richard FitzNeal)是《財政大臣對話錄》(寫於12世紀70年代)這部書的作者。他有一句名言：「君王的權力是按照他們金錢來源的漲落而起伏不定的。」1129-1130財政年度的捲筒案卷中所記錄的由郡長們和其他官員們交到財政部的詳細報表顯示，當時已經有一套與《財政大臣對話錄》所描述的相同的稅收制度在運行了。然而，財政制度本身的出現理所當然地是在1129-1130財政年度的捲筒案卷之前。概括地說，由郡長們交給財政署的年度報表是一種盎格魯-撒克遜體制。在1066年和1086年間，有些大型皇家莊園向國王繳納的年稅仍然是按以貨代款的方式來支付的。到了1129-1130財政年度，顯然已經發生了改付錢款的一個大規模轉變。這個改變是與歐洲總的發展趨勢相一致的。郡長們所繳納的現金越多，對用英鎊、先令和便士來進行核算的一種簡單快捷的計算方法的需求也就越大。這樣，方格圖案的桌布(exchequer[財政部]這個詞就是來源於chequer[方格圖

案])便被用來當作一種簡化的算盤，國王的計算師就是在這種桌布上像賭桌管理員那樣，用把籌碼從一個方格移動到另一個方格的方式來進行計算。Exchequer這個詞最早是在1110年出現的。一年兩次，王國中最有權力和最受信任的人會聚集在一起，來審計郡長們交來的那些賬目表。當國王在諾曼底的時候，他們就會像副攝政委員會那樣，在國王不在的情況下，聚集在「財政部」開會。據推測，當克努特王在丹麥時，一個性質相同的委員會也曾出於同樣的目的，聚集在一起開會。

但這只是推測。直到1129–1130財政年間，我們才有可能達到某種精確的程度。然而即使是有關那個時期，我們也必須非常謹慎。一份作為英國財政部年度記錄的捲筒案卷對於進出於宮室的那些款項幾乎一字未提。當然，這些款項是不能夠量化的，儘管考慮到這個部門作為流動王室的財務辦公室，很可能流動的資金是相當大的。例如據估計，到1187年，亨利二世向他的耶路撒冷銀行賬戶中注入了30,000馬克，但在他統治期間的捲筒卷宗中是看不出這筆錢的。由於缺乏12世紀的宮室賬目記錄，不太容易估計全部的皇家歲入。這樣，亨利二世早期統治時期的捲筒案卷總數很低一事也許在很大程度上反映出新國王對於宮室財政的偏愛，對於一位安茹國王來說，這是一種很自然的偏愛，他的所有前任們沒有財政大臣，日子照樣

過得不錯。畢竟，在鑄幣的時候，安茹國王們在英格蘭和諾曼底都選擇了他們特殊的做法。但無論困難有多大，對於亨利一世統治時期僅存的這部捲筒案卷的分析無疑是富有啟迪意義的。

在1129–1130年度，有22,865英鎊入了財政部的賬目。這個總數中大約有12,000英鎊是來自王室擁有的土地租金。只有不到3,000英鎊來自徵稅，其中絕大部分（幾乎2,500英鎊）是來自土地所有者們向國王繳納的捐稅（geld），這是盎格魯–撒克遜時期就有的土地稅，又稱「丹麥金」（Danegeld）[3]。另外有7,200英鎊可以被描述為統治權或司法權的利潤：這包括來自教會職位空缺的1,000英鎊，來自司法罰金的2,400英鎊，以及前面提到過的人們為謀取國王恩澤而交納的3,600英鎊。就這樣，王室歲入中有半數以上的款項是來自土地，大約三分之一來自統治權和司法權，只有13%是來自徵稅。假如我們把這一情況跟愛德華一世統治初期的王室歲入狀況作一番比較的話，一些重要的區別就顯露了出來。粗略說來，土地現在佔到了歲入總數的三分之一，統治權和司法權幾乎還不到10%，而稅收（包括關稅）則超過了半數。土地、統治權和司法權相對來說變得不那麼重要了，而稅收的重要性卻大大增加。

3　在11世紀初，英格蘭曾經被丹麥人所佔領，為了向丹麥進貢或為了抗擊丹麥軍隊而籌措軍費，英格蘭國王向臣民徵收以土地為單位的年度稅，後來作為一種每年徵收的土地稅而沿襲下來。

即使說1129–1130 財政年度的稅收可能會比平時要少（因為土地捐稅是當年唯一徵收的稅），上述總的趨勢仍然是能夠站住腳的。

雖然王室的土地在1130年獲利頗豐，但只要跟《末日審判書》作一個比較，就可以得出結論，這些土地作為資產的價值已經在下降。根據1086年的記錄，王室土地和市鎮的價值幾乎達到了14,000英鎊，而到了1129–1130 財政年度，它們的價值降到了不足10,700英鎊。王室土地面積縮水的速度似乎超過了通過沒收和把無人繼承的土地轉歸國王的方式補充王室土地的速度。國王必須把土地授予勢力強大的人。他們這樣做是為了獎賞和鼓勵臣民對國王的忠誠，尤其是在他們統治初期遇到繼承王位有爭議的問題時。這一過程延續下來，但在某種程度上會被對王室地產更有效的管理所抵消。由休伯特·沃爾特所啟動、並由約翰王和亨利三世的大臣們所延續的這些管理改革的成功可以通過下列事實來衡量：即愛德華一世仍然可以從土地這一項得到每年約13,000英鎊的歲入。（然而考慮到在此前150年當中的通貨膨脹，這意味着國王從這一項所得到的真正收入比1129–1130 財政年度少了許多。同樣，亨利一世統治時期的兩萬英鎊也許要比愛德華一世統治下的四萬英鎊價值更高。）

土地稅、海得[4] 這種用以計算土地稅的基本測量

4　海得（hide）是指中世紀英國的自由農民贍養一家人所必需的土地面

單位，以及收取土地稅的財政機制，都是諾曼國王們從盎格魯-撒克遜人那兒繼承來的那些權利的進一步例證。雖然每海得兩先令的土地稅只佔了亨利一世有據可查的歲入的十分之一，但它顯然是一筆珍貴的王室財產。到了1129–1130財政年度，它變成了一種按年度徵收的稅，而且偶爾還可以按更高的比率來徵收（此外，免徵土地稅還可以被當作一種政治上的恩惠，這就給國王的恩澤這張弓上又裝上了一根弦）。然而亨利二世只是分別在1155–1156和1161–1162財政年度徵收了兩次土地稅。作為替代，他徵收了其他的稅，如向騎士們徵收了按數額多寡而定的免服兵役稅（scutage）和向市鎮和城市徵收了按動產價值而定的攤派稅（tallage）。在約翰王統治時期，免服兵役稅和攤派稅合起來多少構成了一種年度稅，充分補償了王室因土地稅萎縮而造成的損失。但是土地稅並沒有完全消亡。它在「犁頭稅」（carucage）這個新名稱下又得以振興，並且在1194和1220年間徵收了四次。

然而到了此時，政府已經發現了一種新的和更有

積，因各地的土地肥沃程度不同，這個土地衡量單位的面積也有所不同，大約在60–120英畝之間。這種土地衡量單位之所以被稱作「海得」（hide牛皮），是由於古羅馬神話中一則有關迦太基城起源的故事：當泰爾國王貝盧斯的女兒狄多帶着一群人逃到了非洲時，他們跟當地的土著談判，要向他們買一張牛皮可以覆蓋的土地，但他們把牛皮剪成一根根長的牛筋，並用它圈了很大一塊地方，在那兒建起了一座名為Byrsa（牛皮）的城堡。這就是迦太基城的開端。

成效的稅收形式，並非按照土地，而是按照人們的收入和動產來估價。它也許是由教會的什一稅演變而來，最初是於1166年、1185年和1188年為了一個宗教目的，即為基督教聖地提供財政上的支持而徵收的。可以肯定的是，約翰王在1207年是根據動產來徵收這種稅的，他或許在1203年也這樣做了。1207年徵稅的賬目依然存世，它所透露的數字令人驚訝。按照收入和動產十三分之一的比率所徵收的稅額居然達到了6萬多英鎊——這個數字遠遠超過了其他稅種的收入。（然而在1194年，同一種稅曾經以四分之一的比率來徵收——這是漫長稅收史上最重的一次賦稅——其目的是為了幫助支付理查一世的贖金。）在12世紀90年代中期，英國引入了第一個國家海關制度。這些發展說明王室的歲入在理查一世和約翰王的統治時期達到了一種新的高度。到了1213–1214財政年度，約翰王已經積累了大約20萬馬克。但是這些龐大的積累很快就被花完了。當時是戰爭的年代，是第三次十字軍東征和保衛安茹帝國的年代。約翰王於1214年所遭受的最後失敗帶來了一個漫長而相對平靜的年代。直到1294年，英國的納稅人才又一次發現自己在為一次大規模的歐洲戰爭買單。

然而與此同時，13世紀出現了另外兩項重要的創新——對神職人員徵稅的發展和海關制度的建立。從1199年起，教會就已經開始承受由教皇徵收的所得

稅。最初徵收來的稅款是為十字軍東征提供軍費，但它很快就被用來支持名目繁多的「慈善事業」——當然是由教皇所定義的。就這樣，洪諾留三世(Honorius III)於1217年命令主教們和高級教士們幫助尚未成年的亨利三世擺脫困境。從那時起，教會就經常需要資助國王，尤其是在他加入教會之後。亨利三世於1250年加入了教會，愛德華一世也於1287年加入了教會。例如在1291年，愛德華一世從教皇為十字軍東征所徵收的稅款中得到了不少於10萬馬克的資助。到了13世紀中期，事情已經非常明朗，英國教會向國王提供財政援助已成慣例——儘管教士代表大會很自然地為援助數額的大小討價還價，爭論不休，並且還趁這個機會討論他們覺得應該採取措施的其他問題。因此亨利三世於1254年得寸進尺，在沒有預先尋求教皇同意的情況下，擅自請求教會撥款。1269年，他又重複了這個先例，接著，愛德華一世又在1294年以前，三次提出了同樣的請求(1279/1280、1283和1290)。

在理查一世和約翰王統治下徵收海關關稅曾經是一項戰爭措施；約翰王於1206年尋求與腓力二世[5]停火期間終止了這項關稅。1275年所建立的羊毛出口關稅的重要性就在於它變成了對和平時期王室歲入的一種

5 腓力二世(1165–1223)是法國國王。1202年腓力二世宣佈沒收約翰王在法國的采邑，並且佔領了諾曼底、曼恩和安茹等地。約翰王與他進行了長期的戰爭，直至英軍在1214年的一次決戰中徹底敗北。

永久性補充。這種關稅隨着羊毛工業的命運而變化，但是按照1275年所確定的比率，即每袋羊毛收取半個馬克(6先令8便士)的關稅，它在1294年之前，每年都能收取 8,000英鎊至13,000英鎊。這些新的措施，即教皇對英國教會所徵收的稅和羊毛出口的海關關稅，都跟意大利在英國開設的商號和銀行有關。一方面，正是那些無處不在的意大利商人們使得13世紀的教廷能夠像一個國際金融公司那樣來運轉。另一方面，信用財政開始在政府中扮演一個越來越重要的角色。愛德華一世從1272至1294年間總共欠下盧卡的裏基亞爾迪(Ricciardi of Lucca)差不多40萬英鎊；這筆債務的48%是用對一項由越來越多意大利商人參與的貿易所徵收的關稅來償還的。當然，國王們以前也借過債。在13世紀50年代，亨利三世曾在裏基亞爾迪處欠下了5萬多英鎊；在12世紀50年代，亨利二世也曾從一位名叫威廉·凱德(William Cade)的佛蘭芒商人那兒借貸，以打造安茹王朝。13世紀晚期的一個重要特徵是這種借貸的規模越來越大，而且借貸與關稅之間的聯繫也越來越密切。與從這些新的來源可以得到的金錢數額相比較，那些來自傳統的徵稅、免服兵役稅、攤派稅和封建扈從獻金的金額簡直少得可憐，幾乎不值得費力去收取，所以它們便逐漸被廢棄了。

英格蘭議會的興起

1275年的關稅制度是經由國王的顧問們跟商人們討論以後，才由議會授權通過的。所有這些稅收的特徵就是必須經過其他人的同意：無論是教皇，或商人們，或教士們，或全國人民。相反，土地、莊園和司法權都是些可以帶來收入的權利，而通過它們進行剝削並不需要有影響力的人開會同意 —— 事實上，有影響力的人全都享受着類似的權利(儘管規模沒有這麼大)，大概都視其為理所當然 —— 只要他們自己的利益沒有受到侵犯。在亨利一世有記錄的歲入中，有85%來自土地、莊園和司法權，但是到了愛德華一世統治時期，它們只佔歲入的不到40%。王室歲入中來自徵稅的比例越高，對於用來獲得人民同意的政治機制的需求也就越大。這就是所謂代表機構成長的過程；就向動產徵稅而言，即是指議會的成長。

在1214年以後沒有海外戰爭的漫長歲月裏，徵動產的稅仍是王室偶爾採用的一種措施。戰爭發生的頻率很低，而其他可以令人接受的徵稅藉口也很少，所以人民只是偶然才同意徵稅 —— 肯定不像亨利三世所想要的那麼多。但是不斷增長的徵稅潛力在1208至1293年間的最後7次徵稅中顯示出來：1290年所徵收佔總收入十五分之一的稅據估計多達116,000英鎊。關於這次異乎尋常的徵稅，國王又是怎麼獲得人民同意的

呢？國王的顧問們必須為此找出一個理由。他們大概會強調國王最近在加斯科涅的居住（1286–1289）花銷甚巨，而他即將進行的十字軍東征的軍費更是靡費國帑；他們也許要指出，國王出於基督教的虔誠而驅逐猶太人，是在犧牲一個非常有利可圖的歲入來源——實際上1290年時，猶太社區已被壓榨殆盡，再也拿不出甚麼錢來了。但是他們對誰來提出這些理由呢？他們是對着那些代表了「全王國臣民」的人，首先這些人都是權貴——即那種老是在參加重要政治代表大會的有影響力的人，無論是盎格魯–撒克遜人、諾曼人或安茹人。1290年的政治代表大會，即現在所稱的「議會」，從4月一直開到了7月，在前10個星期裏完成了許多事情，包括一些重要的立法。在7月中旬，另外來了一群郡裏的騎士。不到一個星期，議會就解散了。為何要在會議快結束時招來那麼一幫騎士呢？因為權貴們不肯同意徵稅。他們「只是在有正當理由的情況下」才同意它。然而他們此前並沒有不肯參與處理其他種類的議會事項，無論是司法的、政治的，還是立法的。換言之，這些權貴們在大多數領域之內，還是恰如其份地代表了「全王國的臣民」——可是一旦徵稅進入了議程，他們就消極怠工了。從12世紀後期開始，國王們變得習慣於跟個別郡的臣民們討價還價，所以這顯然促使了這些地方社區在國王召集全國代表大會時選擇能在這種場合為他們說話的代表。

從13世紀50年代起，權貴們的集會便以這種形式得到了加強，而代表各個郡和市鎮的騎士、自耕農和自由民——即下院——也開始逐漸扮演一個更加引人注目的角色。正如1290年的議會記錄所表明的那樣，正是國王想要徵稅的需求才是刺激這一發展的最主要因素。

這個過程是否也是社會變化的結果？在13世紀是否有過一個「士紳階層的崛起」，使得傳統的政治機構必須重新改造？士紳階層在地方上的地位是否越來越重要，所以國王們假如想使自己的需求得到廣泛理解，並且有效地向臣民們徵稅，就必須在王國的主要政治論壇上為他們提供一個位置？這都是些困難的問題，要給予肯定答覆的難度是如此之大，使得有些歷史學家索性提出了相反的觀點，認為13世紀是士紳階層出現危機的時期。其中有一個困難是司空見慣的：證據材料的急速增長。我們所瞭解有關13世紀士紳階層的情況要比我們瞭解他們前輩們的情況多得多。但是西蒙·德蒙特福特及其朋友們在1258–1265年間對待士紳階層的態度是否比約翰王和反叛的男爵們在1211–1215年間對待士紳階層的態度更加友好？《大憲章》包括了訴諸於貴族之外更廣泛社會群體的條款，但是亨利一世的《加冕憲章》中也有同樣的條款。當懺悔者愛德華於1051年決定停徵「丹麥金」時，他到底是為了討好誰？無論是在12世紀，還是在盎格魯–撒克遜時期，英國社會都不是只分為男爵和農民這兩個

階層。在13世紀後期被選為各郡騎士的人正好是那些過去老是在參加重要政治集會的人。不錯，他們過去是作為權貴的隨從來參加集會的，但是明智的權貴們正是從他們的隨從中發現他們最好的顧問的——而且他們大概也聽從了這些顧問們的意見。13世紀後期的騎士們並不是第一次來參加這些會議；他們只是以另一種身份來參加這些會議。也許13世紀政治變化的證據——13世紀的代表機構越複雜，王室歲入中的徵稅份額也就越大——仍必須放在底層社會連續性的框架中來加以解讀。

英格蘭的法律和司法

從亨利二世統治時期起，皇家法官就開始頻繁地舉行地方性的審判(巡迴審判庭)，這就使得在全國範圍內執行同一部習慣法，即在「格蘭維爾」(Glanvill)和「布拉克頓」(Bracton)等時代的論着中所描述的「普通法」或國王法庭慣例，真正變得可能。總的來說，以前的司法制度是一套由地方法庭依照地方習俗來進行判決的習慣制度。當然，很久以來，人們就認為國王們必須對法律和秩序負責，尤其是他們必須應對一些嚴重的罪行和對王室提出的申訴，但在一個固定的、由中央政府指揮的司法體系建立之前，國王們在司法領域的活動必然只能是零零碎碎的。當有影響

力的人涉案時，國王們就會來進行干預；偶爾他們也會對偷盜行為，尤其是對家畜的偷竊，進行一場打擊行動。在這一方面，盎格魯－撒克遜司法制度在經歷了諸曼人征服之後仍繼續存在。1166年的克拉倫登巡迴審判庭帶來了變化，而這種變化又因1176年北安普敦巡回審判庭而得到了加強。這些巡迴審判庭在皇家法官們審判那些重罪嫌疑人時引入了固定的措施。起初，亨利二世 的法官們都只是受到國王信任的人——他們也許是伯爵、男爵、主教、修道院院長或王室顧問，恰好是以前的國王們派出去執行特別的司法和調查任務的人——而最大和最有名的一次調查就是1085–1086年間的欽定土地調查。對於這樣的人來說，就像他們代表國王所執行的行政、外交和軍事任務那樣，舉行司法審判正好是這眾多任務中的一個。但引入頻繁的巡迴審判活動意味着司法工作的負擔 越來越沉重，到了12世紀末，我們可以發現已出現一群精通於法律事務的人，其中主要是非神職人員。當然，有一些低級的法庭專門處理那些不那麼嚴重的罪行，但是「專業的」法庭逐漸佔據了司法領域的主導地位。原因之一是低級法庭並不具有創新的權威，而國王則能夠、並且確實創建了新的罪名。例如陰謀罪就是1279年愛德華一世命令巡迴法官們調查企圖挫敗司法審判結果的陰謀時所「發明」出來的一個罪名。由於國王的法庭所要對付的不僅是罪行，也包括有關財產

的爭議，人們顯然認為這些法官是在做有用的工作。《大憲章》批評了皇家政府的許多方面，但是卻沒有批評皇家巡迴審判庭。事實上，它請求國王的法官們應該每年四次巡訪每一個郡，即比以前所能做到的要更頻繁。

法官們都是精通法律的飽學之士；因學問淵博，他們對態度和觀念的轉變所作出的反應自然是在有根據的意見範圍之內的。當時這樣的觀念轉變之一就是對思想問題採取一種自覺的理性主義的做法 —— 正如阿伯拉爾[6]的箴言所說：「我們因懷疑而進行調查，因調查而發現真理。」如果應用在法律上，這句箴言便可產生深遠的影響。例如，在一名嫌疑人究竟有罪還是清白難以確定的情況下，在以前的許多個世紀中習慣於要求嫌疑人接受神判，通常是用燒紅的烙鐵或水來進行考驗。在人們相信它的時候，這種體制還能夠起作用 —— 它就像現代的測謊儀那樣，同樣有賴於對心理的洞察 —— 但它也很容易引起人們的懷疑。假如有一位清白的嫌疑人開始懷疑這種神判法作為上帝證明他清白這一手段的有效性，他很可能會通不過神判法。這種懷疑一旦被提出之後，就無法平息。起初這種質疑聲顯得令人震驚 —— 例如當紅臉威廉提出

6　阿伯拉爾(Peter Abelard, 1079–約1144)是中世紀法國的一位著名學者和神學家，著有《神學》、《倫理學》和《哲學家、猶太人、基督教徒之間的對話》等作品。

這種質疑時——但最終它們變得司空見慣了。最後，教皇英諾森三世於1215年下令禁止教士們參與這樣的神判，而至少在英格蘭，這就意味着這種體制被突然停止使用了。經過了最初的一段混亂時期之後，通過神判法來進行審判的制度被通過陪審團來進行審判的制度所取代：後一種方法此前曾成功地用於解決對於土地所有權的爭議。1179年，亨利二世曾經下令，在涉及財產權利的案件中，被告可以選擇陪審團的審判形式，而不是決鬥的審判形式——後者是諾曼人引入英格蘭的一種審判方法，跟神判法一樣，它很容易受到質疑。但是將這一規則應用於刑事審判時，便意味着只有當被告選擇審判的時候，才會有審判。顯然被告受到很大的壓力。根據1275年的一個法令，被告須「入獄忍受痛苦的煎熬(prisone forte et dure)」，直至他選擇審判。因此，有許多人死於囚禁，但因為他們沒有經過審判定罪，所以他們的財產不會被王室所沒收。由於這個原因，有些人選擇死亡，而不是冒險要求審判。直到18世紀，這種自行選擇的權利才被取消。

起初，尤其是在財產訴訟案中，陪審團只是被召來解決一些淺顯的、他們理應知道其答案的問題。但是當陪審團在審判中取代了神判之後，在一些複雜的案件中便出現了問題。因為陪審團並非像上帝那樣是全知全能的。於是在任何案件中，必須竭盡全力地解開謎團，以便孤立出一個能夠讓陪審團來決定的特定

問題。但是要做好這一點，便需要有專門的知識和技巧；換言之，它需要專業的律師。所以，在13世紀，一種法律的職業便跟法律學校、法律文獻和法律語言(法律專業法語)一起得到了發展。

儘管有了所有這些變化，但是在許多基本的方面，盎格魯–撒克遜人對於法律的態度仍繼續得以盛行。在盎格魯–撒克遜和盎格魯–諾曼時期，審理嚴重的罪行有一個專門的程序，要求有罪的一方必須對受害者或其家庭進行補償。安茹王朝所建立的司法新機制傾向於在強制施行懲罰時不必進行補償。但在許多殺人、傷人和強姦的案件中，這種做法往往被認為是不可接受的，所以儘管「格蘭維爾」和「布拉克頓」這類作者給我們留下的印象是力圖使我們相信新原則已經有效地取代了舊原則，但實際情況似乎是舊的法律程序依然存留了下來；它們在經過改變之後被嫁接在新的法律程序之上。這就意味着，那些可以支付賠償的人就逃脫了懲罰，只是向受害者或其家屬支付了補償，而那些沒有能力賠償的人，則受到了嚴厲的懲罰。

教堂和宗教

《末日審判書》顯示，村莊裏的教士通常被算作農民社區中的一個成員。他的教堂屬當地的領主。假如一個莊園被分割的話，那麼屬莊園一部分的教堂的

利潤也必須進行分割。從許多方面來說，村裏的教士與普通村民有着相同的生活方式。他不太可能是單身，事實上，他也許結了婚，而且他的教士職位也是從父親那兒繼承的。鑒於這種基本形勢，人們只能欽佩那些致力於廢除世俗權利對教堂的控制和教士家庭生活的11世紀改革家們的魯莽。

在教皇的促進下，改革運動於1076年傳到了英格蘭。在隨後的幾十年當中，這一改革運動逐漸升溫，從長遠意義上甚至可以被看作是一種成功。到了13世紀後期，結婚的教士就已經很少了。另一方面，有許多教士 —— 包括有些權力很大的教士 —— 繼續擁有情婦。達勒姆的雷納夫·弗蘭巴德和索爾茲伯里的羅傑在200年之後還有與其對應的人物，即被訴掐死情婦丈夫的考文垂的沃爾特·蘭頓(Walter Langton of Coventry)和愛德華一世的大法官羅伯特·伯內爾(國王曾兩次試圖把他從巴斯和韋爾斯調到坎特伯雷去任大主教)。就世俗庇護和家庭關係而言，教會生活的這兩個方面幾乎都沒有甚麼實質性的變化。「上帝讓主教們沒有兒子，但是魔鬼卻給了他們侄子。」

然而雖然這場反對教士結婚的改革運動只取得了有限成功，但這也是引人注目的 —— 考慮到自從4世紀之後的700年當中，關於這一話題的國王法令是多麼的不奏效。它在很大程度上可以跟12世紀和13世紀中教育所得到的普遍改進聯繫起來。假如社會中的大

部分人都能識字的話，那麼教士就可以更加容易地從世俗階層中招募；他們不必像以前差一點就要變成的那樣，成為一個世襲的階層。上學的人越多，他們對於古老教會法的瞭解，以及某些人對於它的尊敬，也就更多。當然，我們有理由相信，在13世紀的英國，人口中單身的比例要比11世紀更高。道理很簡單，因為有更多的人宣誓要守貞潔。隱修的生活方式在歐洲各地蓬勃興起，英國也不例外。例如在英格蘭，1066年時大約有50個宗教團體和大約1,000名修士和修女。到了1216年，大約有700個宗教團體和大約13,000名修士、修女、律修會修士和修女。一個世紀之後，宗教團體的總數幾乎達到了900個，而修道會成員的總數是17,500名。在英國人口為以前3倍的情況下，這些數字確實給人留下了深刻印象。即使是這樣，它們也並沒有告訴我們，全英國的宗教生活究竟在何種程度上變得多樣化和更加豐富了。在11世紀，所有的宗教團體都是屬本篤會的。到了13世紀中期，英國不僅有幾百個本篤會的宗教團體，而且還有可供男人和女人選擇的一些新宗教團體——普通的律修會修士、西多會修士或修女、吉爾伯丁修會（一種特殊的英國修會）修士、聖殿騎士團成員、教會軍事團體中的護理人員、加爾都西會的修士或修女、多明我會的修士或修女、方濟各會修士或修女、加爾默羅會修士或修女和奧古斯丁隱修會的遊乞僧。在這個框架裏面，似乎每一種

可以想像到的宗教生活種類，鄉村的、城市的、冥想的、苦修的、積極的，當時都已經被創造出來。此外，大多數進入宗教生活的人現在這樣做都是出於自己的選擇。過去本篤會所招收的僧侶大都是貴族父母送來過修道院生活的兒童（oblates，即「獻身修會的俗人」），而從12世紀中期起，那些進入新老宗教團體的人都是成人。建立這種新模式的西多會禁止任何16歲以下的人入會，並且堅持實行一年的見習期。應徵者被志願者所取代。

在12世紀的進程中，英國教會建立了主教區和教堂區，這種教會組織後來存在了許多個世紀。最後成立的兩個新主教區分別是伊利主教區（1108）和卡萊爾主教區（1133）。主教區被分成副主教管轄，後者又分成由鄉村牧師管轄的諸教區。在諾曼人統治時期，新教區跟以前一樣是按照當地領主的意願而隨意創立的；但是從那以後，新教區的創立就變得更加困難了。教會的地方組織似乎凍結在12世紀的狀態上。這當然不是因為人口和經濟擴張現在已經趨於穩定。相反，新的定居點繼續被創建，而老的定居點也繼續在發展。12世紀中正在發生的事情是教會法的發展和教皇司法權趨於保護無數的既得利益。律師的崛起本身就是在一個生活領域中發生變化的結果，但它使其他生活領域要發生變化變得更加困難。使創建牧師職位真正成為問題的地方是在城鎮。主教們為解決這個難

題費盡了心機，但是他們大部分努力都被教會庇護人的所有權利益所挫敗，無論後者是神職人員或是世俗人員。在13世紀時人們找到了一個解決方法，但是它需要採取一種跟以前截然不同的方式，一種新的宗教生活，才能使問題的解決成為可能。這種新出現的形式就是由遊乞僧們所組成的托缽修道會，這種流動傳教士的國際性組織超越了主教區和教堂區的界限。最早來到英國的遊乞僧是屬多明我會的。他們於1221年來到英國之後便前往牛津。3年之後，方濟各會的遊乞僧們也來了；他們最早的遊乞僧是在坎特伯雷、倫敦和牛津。加爾默羅會和奧古斯丁隱修會的遊乞僧們是在13世紀40年代到來的。到1300年為止，遊乞僧們在英格蘭創建了大約150個宗教團體，在蘇格蘭創建了20多個，在威爾士創建了9個。

　　遊乞僧的到來，就像教會法的發展那樣，是反映了全英範圍內教會基本形勢的一場運動。雖然教會不斷增長的物質財富深深紮根於英格蘭、威爾士和蘇格蘭的土地，但是在教會的精神、思想和社團生活中，它已經愈來愈成為了拉丁基督教世界的一部分。從11世紀的後半期開始，這一趨勢變得尤其明顯，當時拉丁語和法語在英格蘭、蘇格蘭和威爾士得到了廣泛的使用。尤其重要的是格列高利改革運動，以及隨之而來的教會法的發展和教會對於整個拉丁教會的司法權。改革者們對於教會特許自由 (libertas ecclesiae) 的要

求確實造成了某種戲劇性的後果，但最終結果表明，這種自由仍是難以企及的。由於自由跟特權和繼續擁有巨大的社團財富有關，國王們和其他世俗庇護人不太可能放棄他們的某些重要權力，尤其是任命主教的權力，儘管到了13世紀的時候，他們必須通過類似於羅馬元老院（curia）的司法機構才能夠達到自己的目的。事實上，開除教籍和停止教權等教會所能運用的精神武器都是不足以遏制世俗權力的。此外，一旦濫用，它們就會失去效力。在對於世俗世界來說真正重要的一些領域，不僅是庇護，而且還有戰爭、比武和商業交易等方面，格列高利改革的鼎盛期在12和13世紀逐漸轉向了一個適應性的調節時期。然而改革者們所真正做到的，是把教皇作為教會領袖的理論變成了一套中央集權制度的事實。在很大程度上，教士們學會了按照教皇的指示去做。就這樣，當教皇英諾森三世在跟約翰王鬧翻之後，他下令停止英國的教權，而英國教會服從了這個命令。在1208至1214這6年當中，教會的大門緊閉，把俗人們關在了門外，使他們得不到祭壇上的聖餐、婚禮的儀式和祝聖地的葬禮。就連教皇從1199年起命令教會繳稅時，教士們雖然有所抱怨，但還是繳了稅。從1228年起，我們可以追溯出一系列連續不斷地常駐在英國的教廷收稅員；他們頂着「教廷大使」（nuncio）的頭銜，幾乎全都是意大利人。在這一方面也有適應性的遷就，比如這種繳稅似乎

很有必要獲得英國國王的贊同。於是到了1300年的時候，國王從這一繳稅的過程中獲得了最大的利益。

在整個這一階段中，天主教始終是未受到挑戰的宗教。它的權威被視為理所當然。在英國教會被關閉6年的時期，英國公眾沒發半句的牢騷 —— 也沒有人對其他可供選擇的宗教產生明顯的興趣。在12和13世紀中，異端邪說就如11世紀那樣，並不能成為教會的一個威脅：在這一方面，英國與歐洲其他許多國家都不同。在整個這一時期，從北部的紐卡斯爾到西部的布里斯托爾(即並非在城市不那麼多的蘇格蘭和威爾士)，都有一些非基督徒(猶太人)的存在，但是他們總是處於一種岌岌可危的境地，有時候甚至處境非常困難，並且在1290年遭到了驅逐。大多數基督徒們都為之歡欣鼓舞。

第四章
中世紀早期的經濟

　　1086年英國經濟的基本輪廓在《末日審判書》重複而又簡潔的語句中有着非常清晰的呈現。從根本上來說，這是一種農業經濟。佔90%以上的人口都住在農村，靠土地資源掙得他們每天所需的麵包和淡啤酒。這塊土地已經得到了很好的開拓和耕種——書中提到了13,000個定居點。佔1914年可耕地面積80%的土地在1086年就已經得到了耕種。草地、樹林和沼澤地也得到了開發。人口中的大多數都是農民和漁民。在《末日審判書》所沒有涉及的英國丘陵地區，農民們種植燕麥和大麥，而不是小麥，而且養的牛數量超過了羊。商業和工業在當時都還不能作為一種可供選擇的主要職業來源。《末日審判書》所提供的數據——儘管它們跟其他數據一樣，必須謹慎地加以利用——能夠幫助我們勾畫出關於職業方面的圖景。被稱作「大佃農」（villani）的人構成了社會中人口最多的階層（佔據有記載人口的41%）。他們所擁有的土地大約是所有土地的45%。第二大的階層（佔總人口32%）是被稱作「小佃農」（bordars或cottars）的人，他們只擁有5%

的土地。這樣，雖然有個人之間的巨大差別，但是顯然我們是在描述具有鮮明特點的兩個不同階層：即擁有大部分鄉村土地的人和除了一座農舍及花園之外幾乎沒有任何土地的人。此外還有佔總人口14%的人被描述為「自由農」(free men)或「佃戶」(sokemen)。由於他們擁有佔總數五分之一的土地，所以從經濟上來說，他們似乎屬「大佃農」那個階層。最後還有佔總人口9%的奴隸，他們沒有任何土地。

在社會等級另一端的是國王和極小部分的權貴，他們全都靠自己大莊園的歲入而過着奢華的生活。不到200個俗人和大約100個主要的教堂(主教管轄區、修道院和隱修院)擁有全國財產總估價的大約四分之三。這些人──用法律術語來說，他們是國王土地承租人──有他們自己的承租人。例如像威廉‧德瓦倫(William de Warenne)這樣一位富裕的男爵把自己價值1,150英鎊的莊園中價值540英鎊的土地都轉租給了別人。在這些次承租人中有些被描述為騎士，而他們承租的土地被稱作騎士的采邑。(雖然有許多騎士並不比那些最富裕的大佃農更加富有，但是因為他們跟自己的領主們關係更為密切，因此屬一個不同的社會階層。)國王土地承租人餘下的土地──通常有一半或四分之三的土地──被保留為自己的「領有地」，而領主們正是從這些領有地中獲取他們主要的收入和食物。具有一個固定中心的修道院需要有連續不斷的

食品供應，但其他流動性更強的大領主們也許會對金錢更感興趣。因此他們的大部分領地都租出去了——其法律術語是「得以耕作」——以收取用現錢支付的租金。大多數的承租人都來自跟騎士采邑承租人同一個社會階層；他們共同構成了擁有土地的「中產階級」，即士紳階層。

在1086年之後的200年內，英國經濟又發生了甚麼變化呢？儘管這一時期很長，但是在許多基本的方面，幾乎沒有發生任何變化。1286年的英國並不比1086年時更加城市化。確實，城鎮比以前更多和更大了，但是總的人口也比以前更多了。在船舶設計上無疑有了顯著的改進——這是自八世紀以來北歐的一個一直存在的特徵。在這一時期，這種船隻式樣的改進尤其表現在「方帆帆船」的發展上，這是一種船殼呈圓桶狀、舵裝在船尾、吃水很深的大型海船。這意味着長期以來把英國東海岸跟斯堪的納維亞國家、把西海岸跟法國的大西洋海岸連接起來的海上貿易規模見長。據推測，當時羊毛、棉布、木材、鹹魚和酒類的貿易量正在增加，而商人的利潤也應隨之有所增長。即使如此，也沒有出現英國的商業革命，沒有像13世紀的意大利所能宣稱的那樣，出現銀行和信用制度的發展。這種相對落後的後果之一就是，在13世紀，英國對外貿易越來越大的比例落入了意大利商人的手中。意大利人的流動資本儲備足以使意大利公司提出

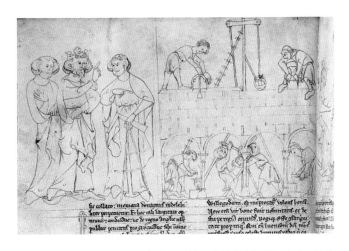

圖7　王室的建築：13世紀一幅有關建造聖奧爾本斯修道院的畫中描繪了
　　　國王、建築師和工匠。(引自馬修‧帕里斯的《奧發傳記》。)

更為吸引人的條件。他們不僅能夠一次性買斷一個修
道院當年的全部羊毛產量；而且還可以預付好幾年的
貨款。他們通過向亨利三世和愛德華一世大量放貸的
方式，獲得了英國王室的庇蔭和保護。在非常真實的
意義上，13世紀的英國被人們視為是一個經濟部分發
展的國家。它的大部分進出口生意都操縱在加斯科涅
人、佛蘭芒人以及意大利人等外國人的手中。它主要
的出口商品是原材料 —— 羊毛和穀物 —— 而不是經過
生產加工的商品。換言之，當時還沒有工業革命。

　　在這整個時期中，主要的工業仍然同以前一樣：
紡織、建築、開礦和金屬加工、產鹽業和海上捕魚。
此外，儘管有時會有人關注當時出現的布匹漂洗廠，

但是工業生產工藝並沒有重大的發展。也沒有出現可以跟12、13世紀佛蘭德紡織工業中的高度資本發展相比擬的任何事物。另一方面，佛蘭德紡織工業對英國羊毛不斷增長的需求確實有助於英國保持貿易的順差，而這種順差在這整個時期中保證了銀錠源源不斷地湧入英國，足以使英國硬幣銀便士始終保持較高成色。(而在發展更快和貨幣化程度更高的地區，人們使用一種成色更低的硬幣來發揮找零錢的經濟功能。在這個意義上，英國經濟所發生的變化也很小。)

最主要的是這一時期沒有發生農業革命。儘管像亨利的沃爾特(Walter of Henley)和伊斯特里的亨利(Henry of Eastry)這類13世紀的莊園管理專家以理性主義和科學的方式來對待他們的工作，但是他們所處環境的技術局限性意味着當時的產量不可能有重大的增長，無論是以羊毛重量來計算的綿羊產量，還是以穀物產量來衡量的良種培育。雖然把馬作為役畜的做法正在得到推廣，但是它的重要性並不是很大。農業的主要問題並不在耕地，而是在播種、收割和保持土地的肥力上。手工播種和收割費時費力。泥灰土和其他種類的肥料既成本高昂，又難以獲得。只有動物的糞便可以大量採集，並且加以廣泛而系統性的應用。但是餵養過冬牛羊的高昂成本意味着所能生產的動物糞便也有一個上限。除非在生產的初級階段上有基本的改進 —— 事實上並沒有 —— 在生產第二階段上的改

進，例如1200年左右風車的引入，其經濟重要性只能是微乎其微的。就這樣，英國的經濟在許多方面仍然是一個停滯的經濟。甚至可以這麼說，跟它的鄰國相比，尤其是佛蘭德和意大利，13世紀的英國要比11世紀的英國更為落後。但這是一個現代的視角。在12和13世紀中，英國人感覺他們是生活在一個經濟發展程度要高於其凱爾特人鄰國的國家之中。

人口的增長

儘管有上述這些論斷，但必須澄清的是，在一個重要的方面，該時期的英國發生了相當大的變化。到了13世紀的後期，英國的人口要遠遠高於1086年——雖然當時的男人和女人已經熟悉用「中斷性交」(coitus interruptus)作為控制生育的方法。究竟當時有多少人口，我們無法斷定。在進行欽定土地調查的年代，要估計英國的人口是一項非常困難的任務。大多數歷史學家都把當時英國的人口定在125萬和225萬之間。要估計13世紀後期的英國人口，其難度更大。有的歷史學家認為，當時的英國人口高達700萬；其他人的估計則要低得多，也許是在500萬。要估計蘇格蘭和威爾士的人口，那就難上加難了。最近的猜測把1300年左右蘇格蘭的人口定於50萬至100萬之間，威爾士的人口定於大約25萬。但是大多數歷史學家們都同意，

在這兩個世紀中，英國人口增加了一倍以上。從11世紀(或也許是從10世紀起)人口緩慢增長，到12世紀末人口增長加速這一假說聽起來貌似有理。但是人口增長的速率不僅在時間上(很可能)有不同，而且在空間上也(肯定)有變化。這樣，約克郡北賴丁的人口在1086年之後的200年中也許增長了大約12倍；在別的地方，尤其是在那些進行欽定土地調查時人口就已經很密集的地區，即英國的南海岸和東英吉利亞的某些地區，人口增長率會低得多，儘管在沃什灣的淤泥沉積帶上人口增長率特別高。

定居點和耕種地的擴張

這種人口增長所帶來的經濟後果是甚麼呢？其中之一就是定居點和耕作地的切實擴張，尤其是在凱爾特人居住的土地上。事實上，在這兒我們可以看到被現代世界的公民稱為進步的許多跡象。威爾士最早的硬幣是在11世紀後期鑄造的，蘇格蘭最早的硬幣鑄造於12世紀。此外，12世紀見證了威爾士最早的城鎮建設(如蒙茅斯、布雷肯、加的夫和彭布羅克)，以及蘇格蘭最早的一批城鎮建設(如貝里克、愛丁堡、斯特靈和珀斯)。在英格蘭，城鎮也得到了蓬勃發展。它們主要的功能是作為地方上的集市。我們知道那些城鎮中居民的職業：佔主導地位的是飲食業主和手工藝人，

其中皮革、金屬和紡織店鋪的店主們最為引人注目。就連在大城市中——按照歐洲的標準，英國只有一個大城市，即倫敦，根據1334年的普查，倫敦所擁有的財富是第二大城市布里斯托爾的4倍——需要長途運輸和跟奢侈品相關的貿易依然處於不重要的地位。農村人口密度的不斷增加意味着城鎮的面積和數量也隨之增加。在1100–1300年間，出現了大約140個新的城鎮，而且如果證據準確的話，在1170–1250這幾十年間出現的新城鎮數量最多：例如樸茨茅斯、利茲、利物浦、切姆斯福德、索爾茲伯里。它們大多數是由當地期望從房屋租金和計劃收取的通行費中獲利的領主們創建起來的。有的城鎮所選的位置是為了能從海上貿易的擴張中獲得好處，因為大船的通行就意味着像波士頓、金斯林和赫爾等所有這些新建城鎮比林肯、諾里奇和約克等位於河流上游的港口城鎮更好。

在農村，設計者的大手筆有時也可以看出來，尤其是在那些曾經被諾曼人夷為平地的北部地區重新建起來的常規形式的村莊上。在別處，例如在已經人口密集的東英吉利亞，村莊有時會被遷移到公地邊緣，呈不規則形狀排列，可能是為了把好的可耕地從因蓋房子而「荒蕪」的狀態中解救出來。然而尋找生活的空間是一回事，種植足夠的糧食以供生存則是另一回事。總的來說，農田的擴張往往並不是通過建立新的定居點、而是通過圍繞業已存在的中心逐漸增加零星

土地的方式進行的。大面積的森林、沼澤地、濕地和山地被清理出來，抽幹了水，並被用作耕地。其中有些土地是相當肥沃的——沃什灣周圍的淤泥帶便是一個典型的例子——但大多數新開墾的土地，例如從薩塞克斯森林地清理出來的農田，總是顯得比較貧瘠。這是「向邊緣進發的旅行」——人們遷移到了可耕地的邊緣，在那些真正邊緣化的土地上耕作：在那兒得到的收穫與付出的勞動往往只能勉強扯平。對於食物的需求是如此的緊迫，麵包高於一切，就連其他的「生活必需品」——燃料和建築木材——也不得不為之讓路。其他的英格蘭家庭向西部和北部遷移，以尋找新的定居地。遷移到蘇格蘭的英格蘭人一般都是受邀而來。富有進取心的蘇格蘭國王們歡迎英格蘭人定居在他們的新市鎮裏。與此形成對比的是，英格蘭家庭遷移到威爾士和愛爾蘭並非出於當地統治者的歡迎，而是應了那兒新近入侵者的邀請和鼓勵。在愛爾蘭，他們接管了舊時北歐海盜的海港城市都柏林、沃特福德和利默里克，同時還創建了新的城鎮和村莊。

尤其是在英格蘭東部，人們的努力轉向了對現存農田的精耕細作。在13世紀，一年種三季莊稼(而非兩季)的耕作制度得到了更加廣泛的採用。這就意味着每年只有三分之一的土地可以休耕，而不是一半的土地。但是，倘若想要保持土地質量的話，更頻繁地使用土地需要相應更頻繁地施用肥料。不幸的是，可耕

地的擴張有時候是以犧牲草地和林地為代價的。這種做法對於牲畜數量所產生的影響不僅不能夠增加動物肥料的生產，反而會導致其下降。這反過來會引起土地肥力的貧瘠和產量的下降，而非提高。無論糧食生產在13世紀末是否確實已經下降，有一件顯而易見的事就是，假如土地的種植能力達到了實際的頂點，而人口還在繼續增加的話，那麼下面這兩種情況之一就必然會出現。要麼英國進口更多的食物，要麼平均生活水平下降。沒有證據表明穀物的進口有所增加。假如糧食的進出口發生任何變化的話，那麼變化的趨勢也許正好相反。英國的糧食經銷商用大型貨船將糧食運往佛蘭德、加斯科涅和挪威等工業化或專業化生產程度高於英國，而且區域性經濟靠出口棉布、酒類和森林產品來換取基本食物的地區。此外，大量13世紀的英國莊園記錄也表明，佃農所擁有的平均土地面積正在縮小。在這一時期，更多的人口意味着人均土地佔有率越來越低。

自由人、奴婢和窮人

儘管上面所描繪的圖景顯得十分暗淡，但許多13世紀村民們的生活也許要比《末日審判書》時代的先輩們要好得多。相對來說，他們沒有遇到多少由戰爭所造成的破壞。他們都沒有成為奴隸。奴隸制是以勞

動力短缺為特徵的經濟的一個標誌；隨着人口以及勞動力的增加，奴隸制也得以消亡。確實，13世紀的英國村民中有許多是農奴，或稱隸農（villeins）—— 他們也許佔了總人口的一半 —— 而《末日審判書》中的大佃農和小佃農（佔所列人口的四分之三）是自由的。但是儘管大佃農和小佃農就並非奴隸這一點上來説是自由的，但顯然他們並不是很自由 —— 這樣，在《末日審判書》中只有很小一部分人（佔所列人口的14%）才精確地被稱作是「自由人」。使大佃農和小佃農日子不太好過的事實是因為他們的領主也是自由的 —— 不僅自由，而且權力很大。他們可以自由地任意改變習慣，以便盡可能多地增加佃農的負擔，而在一個勞動力相對短缺的時期，這就很有可能意味着一個沉重的勞役制度：在當時這樣一個時代中，領主們是不會滿足於按照市場決定的水平來給佃農付薪的。只有在勞動力來源增加的情況下，領主們才會逐漸轉向按勞付薪這個可供選擇的制度。在12世紀時，許多佃農發現他們的義務從提供勞役轉變成為支付租金。在這一點上，法律原則至上的觀點變得重要起來。在1200年的前後10年當中，國王的法官們制訂了誰具有到皇家法庭去進行申訴的權利的規定。他們決定具有這種權利的人必須是「自由的」，而沒有這種權利的人則都是屬「奴婢」。這種把社會區分為兩個截然不同階層的做法所帶來的影響就是把英國人口中的一半變成了農

奴，使他們在法律上失去了自由。但是律師們用左手拿來的東西，他們會用右手交出去。越是把每一樣東西都加以定義並寫下來，習慣保有就越能夠被「凍結在」它們被寫下來時的那種狀態。這樣，想要任意改變習慣就變得更加困難，而且習慣也可以更加有效地被用來保護現狀。在這個意義上，就連13世紀不自由的佃農也會比11世紀許多自由的佃農更不容易遭受個別領主任意強徵勒索的危害。13世紀想要任意改變習慣的領主們經常會發現自己陷身於漫長的司法程序，跟組織嚴密的鄉村社區打官司。

儘管習慣法可以向貧窮的佃農提供一些保護，使他免受領主的強徵勒索，但它仍然無法保護他免受經濟變化嚴酷現實的侵擾。在12世紀末13世紀初，英國也許有一半的村民變成了農奴，但是與貧苦的村民變得更加貧窮這一事實相比，這件事簡直算不了甚麼。那些在13世紀末真正受苦的並非是成為農奴的佃農，而是那些無論是自由還是不自由的貧苦佃農，以及那些完全沒有土地的人。關於佃農我們也瞭解一些情況。溫切斯特莊園內的死亡率表明，自從1250年以後，貧窮的佃農們變得越來越「對收成敏感」——這個委婉的說法意味着每當遇上收成不好的時候，更多的佃農就會死去，或是因為饑餓，或是由於因營養不良而帶來的疾病。對英國中西部黑爾斯歐文莊園所進行的研究表明，那兒的貧苦佃農——即《末日審

判書》中小佃農的後繼者們 —— 要比境況較好的佃農 —— 即《末日審判書》中大佃農的後繼者們 —— 預期壽命大約少10年。至於那些連土地都沒有的窮人的命運，我們只能猜測；現有的證據告訴我們，他們在13世紀的文字記載中很少被提及。大莊園內的佃農們按習慣不僅能夠得到現金，而且還能獲得用來維持一家人性命的糧食。但是那些因沒有土地而成為經濟累贅的農民命運又如何呢？據推測，他們也變得「對收成敏感」。

大莊園的管理

然而，給窮人帶來苦難的經濟烏雲對於富人來說，則是鑲成了漂亮的銀色邊緣的雲彩。人口的增長意味着對食物的需求不斷增加。食品的價格攀升，尤其是在1200年前後和13世紀後半期。另一方面，大量的勞動力供應意味着無論計件工或是日工的工資率在整個13世紀中都保持了穩定。換言之，真正的工資降了下來。在這種環境當中，富裕的土地擁有者的日子可以過得很舒服，他們在市場上出售剩餘產品而獲得了不斷增加的利潤。集市大量增加。在1198–1483年間，王室頒發了大約2,400個市場准許證，其中有一半以上是在1275年之前頒發的。同樣，對於租地不斷增長的需求意味着租金收入的不斷增長。舉一個例子，

伊利主教的淨收入從1171-1172年間的920英鎊增加到了1298年的2,550英鎊。但這並不意味着幸運的大莊園主所要做的一切就是坐等着供需法則為他把所有的事情都做好。在12世紀，就跟以前一樣，富裕的國王土地承租人手下的大多數莊園實際上都是由他的佃農來管理的，或是作為騎士的采邑，或是以固定的租金租給「農民」。在一個穩定或逐步擴張的時代，這樣做很有道理；從領主的觀點來看，它使得他的管理費用減少到了最低狀態。這一體制的穩定性就在於一生或幾代的長期契約很普遍，而這些長期的特許證往往會變成世襲的租約。

但是1200年前後出現的價格陡升給靠固定租金生活的領主帶來了嚴重的問題。假如他，而不是他的佃農們，想要利用市場經濟的好處，那麼他就必須轉向直接管理他的莊園。要放棄一種歷史悠久的制度並不是那麼容易的，許多領主都遇到了佃農們的強烈反抗，但是這種做法還是逐漸實行了。對於這一過程最有名的描述可見於布雷克倫德的喬斯林(Jocelin of Brakelond)所撰寫關於貝裏聖埃德蒙茲修道院院長薩姆森(Samson, 1181-1211年在任)生意頭腦的生平傳記。這位大地主一手包攬了他手下所有的莊園，親自指定管家和采邑總管們來管理它們，並且在市場上公開出售剩餘的農產品。在這種新的制度下，這位領主的費用和利潤每年都不盡相同。這就使得他手下的管家們

很容易欺騙他，除非他嚴密地監視他們的活動。所以他就詳細記錄了每個莊園每年的明細賬，並將它與其他莊園的類似明細賬一起寄給代表大莊園中央管理機構的審計員，讓他去查賬。（大量這樣的賬目存留下來就意味着我們對13世紀英國鄉村經濟有很多的瞭解。）這些審計員扮演着制定政策和檢查欺詐行為的角色。他們為每個莊園制定目標，即必須達到的糧食產量水平和存欄牲畜頭數。他們作出投資的決定：是否要建造新的穀倉，是否要買肥料，等等。正是由於有這種需求存在，一種嶄新的文獻產生了，即關於農業和莊園管理的論文，其中最著名的作品要數亨利的沃爾特的《家畜飼養》。所有這些變化都是以實用讀寫能力的廣泛存在為先決條件的：沒有這一點，就不可能把13世紀初這場莊園管理的革命進行到底，而這恰恰是當時所發生的事情。

這個新制度的主要目的就是把領主的利潤最大化，並且盡可能地以理性主義的態度來做這件事。然而，這種制度是不會去關注窮人所面對的困難的，而窮人是這個經濟制度中的瘸腿鴨子，而且幾乎所有這些鴨子生來就是瘸腿的。在莊園的層面上，有無數反抗領主的強徵勒索的個案，既有消極的反抗，也有直接行動，有時是司法訴訟。在城市中，也有越來越多的證據表明，富人和窮人之間存在着鬥爭。儘管有向凱爾特國家移民的機會所帶來的「安全閥」，但似乎

到了13世紀90年代的時候，英國是一個因為人太多而令人感到窒息的國家，傳統的經濟無法應對人口的沉重壓力，甚至可以說，這是一個處於階級戰爭邊緣的國家。

第五章
戰爭中的英格蘭，1290-1390

　　對於那些生活在那個時代的人以及那之後的歷史學家們來說，大約公元1290年以後的中世紀後期似乎是一個危險、動盪和頹廢的時期。英國的內戰和對外戰爭——尤其是在蘇格蘭、法國和低地國家的那些戰爭——要比該國自從北歐海盜時期以來的任何戰爭都持續時間更久，戰場更為廣闊，花費更大，涉及的人數也更多。在不列顛島的內部，英格蘭人無法信任威爾士人，儘管英王愛德華一世數次征服了他們；以（1400年起的）歐文·格林杜爾（Owain Glyndwr）的叛亂為頂點的威爾士人起義似乎說明了這種不信任是有理由的，並且它還使人回想起了那些說英國人終將被從威爾士驅逐出去的預言。凱爾特人對於英格蘭人的偏見包含着一個被打敗和受壓迫的民族所能達到的所有苦澀和怨恨：「英格蘭人的霸權和殘暴，」一位蘇格蘭人於1442年宣稱，「在全世界都臭名昭著，正如他們對法國、蘇格蘭、威爾士、愛爾蘭和其他鄰國土地的侵佔所表明的那樣。」饑荒、疾病和（自1348年起的）瘟疫在15世紀初大大減少了英格蘭的人口，也許減

少了將近一半，而這嚴重地分裂了英國社會。到了15世紀末，法國的政治家們不滿地指出，英國人推翻和暗殺法國國王及其後代的習慣（如1327、1399、1461、1471、1483和1485年所發生的那樣），其規律性在西歐任何其他地方都是找不到的。精神上的不穩定和異端邪說的傳播使得脾氣暴躁的牛津大學校長托馬斯·加斯科因博士（Dr Thomas Gascoigne）得出結論，認為他所處的英國教會已經腐朽不堪，主教和教士們不能勝任他們的職責。有一位廣受歡迎的詩人在1389年左右寫道，他認為這個似乎已經頹廢的時代的特徵恰如其份地反映在人們追求裝有墊肩的衣服、勒緊的腰帶、緊身襪和尖頭鞋等奢華和有傷風化的時尚上。

當然，接受那個時代人自己的評價是有危險的，尤其是因為他們生活在一個特別緊張和動盪的年代。現在大家都接受一種看法，即戰爭也具有創造性的一面，在上述這個特定的例子中，它賦予了英國人一種敏銳的民族身份感；饑荒和疾病並不一定會使社會完全癱瘓，經濟的緊縮也並不一定意味着經濟蕭條；異端邪說的發展和對宗教機構的批評也許還會激發出人們更大的宗教虔誠；從議會的演進來看，政治危機往往具有建設性的特徵；最後，文學和藝術的成就也很少會被平民的暴亂或社會的動亂所滅絕。從21世紀初的觀點來看，中世紀後期當然是一個動盪和複雜的時代，但也是一個充滿了活力、野心和迷人魅力的時代。

國王的君權

國王，以及以王室和皇家為中心的宮廷，是英國政府和政治的中心和支點。而對於英國政府和政治來說，最為關鍵的就是國王跟具有影響力的臣民之間的關係。後者首先以貴族和權貴們為主，但也包括經常想要加入貴族行列的鄉村騎士和士紳、富商、主教和有才賦的教士們 —— 所有這些人都從國王那兒尋求恩澤、地位和升遷。一位成功的國王就是要跟所有這些或大多數有影響力的臣民之間建立起一種和諧的關係，因為只有這樣，才能保證政治的穩定、政府的有效和國內的和平。這並非一項簡單的任務。國王對其在王國內的君權權威的日益重視，再加上（從1216年起）去世的君主必須把王位傳給長子，以及通過國王的文書和僕人所組成的網絡來擴展皇家政權的原則，一定會損害大地主們的封建和地方力量。然而那個世襲君權本身，儘管減少了王室成員爭奪王位的可能性，但也使得有些（由於年幼、性格或無能等原因）不適合當國王的人登上了王位。最主要的是，14和15世紀中連續不斷的戰爭把沉重的職責壓在了英國國王們的身上。從愛德華一世的統治開始，沒有一個10年當中英國人是不打仗的，無論是在國外打還是在國內打。中世紀後期的每一代英國人都瞭解戰爭的需求、損傷和後果 —— 而且他們要比前輩們更加深切地瞭解這些情況。

對威爾士的征服

在經歷了亨利三世統治時期的內戰之後，英國國內的各派政治力量成功地達成了和解，恢復了國內的和平，這也使得國王和他的臣民們能夠重新建立一種穩定的關係，並對對方的權利和抱負都給予適當的尊重。新君王愛德華一世(1272–1307)，顯示出自己在管理政府方面是一位能幹的、有建設性的和有效率的國王，而且決心要加強他作為君主的地位。然而他堅定不移地要把君權凌駕於不列顛群島所有領土之上、甚至超出英國邊界之外的做法，開啟了一個戰爭連綿不絕的時代。

在威爾士，他橫掃了圭內斯這個在威爾士最活躍和最獨立的地方政權，隨着盧埃林·阿普·格魯菲德於1282年的去世，英格蘭在歷經了200年斷斷續續的戰爭之後，終於成功地完成了對威爾士的征服。國王因此擴展了他在威爾士西部和北部的領土，在那兒成立了一個佔威爾士一半面積的諸侯國；1361年，這個諸侯國被贈給了國王的長子，後者成為了第一位在英格蘭出生的威爾士親王。這是一個引人注目的成就，儘管也是一個代價高昂的成就。物質的損壞必須得到補償；於是實施了一個為了保證未來安全的富有想像力的計劃，這包括新建12個要塞並重建六個要塞，其中大多數都附設了一個築有新城牆、並由效忠於國王

的移民所居住的市鎮；而且還為這塊被征服的領土設計了一個永久性的政權。這個在1284年的《里茲蘭法令》中宣佈成立的政權開始只是一個軍事政權，但很快就通過明智地結合英格蘭的創新性和威爾士的務實性，在當地建立了和平與穩定。輔以公正與和解的強硬作風是新的統治者與威爾士人民之間關係的一個標誌，在1287年、1294–1295年間和1316年分別發生的幾次叛亂都沒有構成廣泛或危險的威脅。然而政府的代價也是驚人的。英國政府從英格蘭的每一個郡甚至境外都徵募了士兵、水手、建築師、工匠和勞工，並派遣他們到威爾士服役。光是1277–1301年間在建造城堡這一項上就花費了至少75,000英鎊（當時一個技術熟練的石匠每星期還掙不到兩先令），而為了鎮壓1294–1295年間的叛亂，花費了大約55,000英鎊。幸運的是，在威爾士的皇家政府執政特別成功；到了14世紀中期，它已經為英國國庫創造了一筆利潤，就連威爾士的士紳們也通過跟外來政權的合作而變得興旺發達。

在盧埃林被消滅之後，愛德華一世立即轉向了威爾士沼澤地（或邊境）的領主們——大多數是英格蘭的權貴——以便也確立對他們及其臣服者的君主權利；同時他使威爾士教會和主教們更直接地處於他的控制之下。愛德華一世征服威爾士的整個計劃顯示出一種想像力和決心，以及一種遠遠超出軍事戰役之外的對戰略的掌握。然而被征服的威爾士人在教會和世俗政

權中都受到了外族的統治，他們那種痛苦的感覺是難以輕易磨滅的。假如英格蘭人的統治變得有壓迫性，假如穩定的統治局面所帶來的經濟好處枯竭，或者假如本地人與移民之間的關係惡化，就會對英國政權帶來嚴重的困難，殖民統治也會受到威脅。

在蘇格蘭的最高君主權力

愛德華一世也同樣急於行使他對蘇格蘭的最高領主權。這是一個非常野心勃勃的任務，因為蘇格蘭跟威爾士不同，具有自己的君主，即坎莫爾王室(the house of Canmore)，而且蘇格蘭人的獨立意識特別強烈，尤其是在更為偏遠的高地上。但與在威爾士一樣，愛德華一世的統治時期出現了一個能在蘇格蘭行使英格蘭最高君主權力的機會：1286年，蘇格蘭國王亞歷山大三世去世，他的孫女繼承人四年後也一命嗚呼。愛德華一世接受了蘇格蘭「王國監護者」的邀請來解決王位的繼承問題。他趁這項「偉大事業」(1291–1292)的機會，迫使蘇格蘭人承認他為蘇格蘭「大領主」。蘇格蘭人的抵制和愛德華試圖將他的虛銜變為現實而作出的努力造成了兩國之間互相懷有敵意的一個關係貧瘠的時期，這種關係一直持續到了16世紀。蘇格蘭人尋求法國的援助(1295)和教皇的支持，而且在他們中間產生了強烈的愛國主義，以保護

圖8　13世紀末英國王室眼中一個典型的威爾士人：長頭髮，質樸的手工
　　　紡織斗篷，只穿了一隻鞋——還有他那珍貴的長弓。

在威廉・華萊士（William Wallace, 1305年被處死）和羅伯特・布魯斯（Robert Bruce, 即1306–1329年在位的國王羅伯特一世）領導下所取得的政治獨立。在1296年以後的半個世紀中，英格蘭人入侵蘇格蘭多達20次，在低地成功地建立了一個動盪的軍事和行政機構，但是該機構很難在一個貧窮並懷有敵意的國家裏堅持下去，必須從英格蘭獲得大量資助。但英格蘭人並沒有控制蘇格蘭北部的海面，也沒有制服或是控制蘇格蘭的北部和西部。這樣，英格蘭人在蘇格蘭並沒有得到像他們在威爾士那樣的好處——或成功，就連在戰役（尤在1314年的班諾克本戰役）中，他們的騎兵在機動性更強的蘇格蘭人面前也經歷了蒙受恥辱的失敗。承認羅伯特國王和放棄對蘇格蘭最高君主權力的《北安普頓條約》（1328）在愛德華三世於1330年親自掌握政權之後，很快就被撕毀。從此之後，英格蘭與蘇格蘭之間的關係便令人遺憾地出現了一系列事件：入侵、邊界襲擊、英格蘭人對蘇格蘭南部各郡不穩固的佔領、法國與蘇格蘭之間的協定得以鞏固並逐漸演變為「老同盟者」（Auld Alliaunce）——甚至蘇格蘭國王戴維二世（King David II）在內維爾十字會戰中被俘（1346）。在英格蘭對最高君主權力的訴求和野心被蘇格蘭人堅定不渝和團結一致的抵抗所挫敗之後，蘇格蘭成為其揮之不去和代價高昂的一根肉中刺。

愛爾蘭

在班諾克本戰役之後，蘇格蘭國王羅伯特一世試圖通過利用愛爾蘭的局勢來預先阻止英格蘭人在蘇格蘭發動的攻勢。在1315–1318年間，他的兄弟愛德華·布魯斯(Edward Bruce)得到了英—愛權貴們和蓋爾人部落首領的支持；1316年，他被擁立為愛爾蘭國王。不久之後，羅伯特本人訪問了愛爾蘭，這也許是為了刺激一場「泛凱爾特人運動」的興起，以抵禦英格蘭國王愛德華二世(1307–1327)。蘇格蘭的干涉使英格蘭政府感到震驚，並且揭示了它在都柏林政權的虛弱。在1210 至1394年間，沒有一位英格蘭國王曾經訪問過愛爾蘭，就連威爾士的征服者和「蘇格蘭人的鐵錘」愛德華一世也沒有去過。相反，愛德華一世無情地剝削了愛爾蘭的人力資源、金錢和物品供應，尤其用於他在威爾士和蘇格蘭所進行的戰爭和建造的城堡上。嚴酷的剝削和缺位的統治後來導致了行政的腐敗和秩序的惡化，而那些英–愛權貴們和蓋爾人部落的首領們則從中鑽了很大的空子。英格蘭國王的官員們經營着一個越來越軟弱和被忽視的政權，而一場蓋爾人政治和文化的復興運動則在13世紀紮穩了根基。這也促成了愛德華·布魯斯的成功。有一位同時代人評論道：愛德華·布魯斯的崛起使愛爾蘭「興起了一股令人震顫的暴亂浪潮」。英格蘭人再也沒有恢復其領主權，

並且從那以後再也無法將其權威施加在整個不列顛島上。愛爾蘭沒有成為英格蘭的一個金融資源，反而成為了一個金融累贅，其歲入在1318年以後只有愛德華一世統治時期的三分之一，因此根本不能維持英格蘭人在那兒的統治。由小人物們不時發起的遠征根本不能夠重振英格蘭國王的權威，因此被英格蘭人所直接控制的地區便縮減為都柏林周圍的「轄區」。當一個政府通過以《基爾肯尼法令》(1366)為頂點的一系列法令，使用種族和文化隔絕、甚至迫害等手段時，它實際上就是承認了失敗。英格蘭這個「愛爾蘭領主」在中世紀晚期草率施行的君權實際上是一個代價高昂、朝綱廢弛和對英格蘭人統治懷有敵意的政權，它被蘇格蘭人、法國人，甚至威爾士的叛亂者都鑽了空子。

英法關係與百年戰爭

英格蘭君主們所要求並得到承認的對威爾士人、蘇格蘭人和愛爾蘭人的最高領主權，在對加斯科涅提出同樣要求時卻遭到法國國王拒絕，而在該地，英國君主們作為兼任的阿基坦公爵，從1204年起就是法國國王的諸侯。在所謂的百年戰爭(1337–1453)之前和期間，加斯科涅都處於英法關係的核心：它取代了諾曼底和安茹而成為英法兩國所爭奪的主要領土。在愛德華一世登基時，這個繁榮的產葡萄酒的省份曾是僅

存的英屬法國領地，它與英格蘭之間的政治聯繫因日益增長的乾紅葡萄酒出口貿易而得到了加強，與此形成互補的是通過海路運到波爾多和巴約訥的英國棉布和穀物：在1306-1307年間，該公國的歲入為17,000英鎊，很值得為爭奪該地而投入戰爭。英國與法國國王在加斯科涅的邊界和加斯科涅人的權利上產生的摩擦逐漸被納入了由自信且自我意識增強的法國政府所提出的獨立國地位和主權等更為重大的問題中——法國一心想要加強對境內各個省份和封臣（包括阿基坦的英國公爵）的控制。對於英國一方來說，愛德華一世及其繼位者們不願意看到法國王室權利的加強或其對加斯科涅產生任何實際的意義。其結果就是引發了一系列的事件、和談、法國軍隊入侵加斯科涅的「灌木林火」戰爭（在這些小規模戰爭中法國滲透並間歇性地收回加斯科涅公國），以及英國軍隊的遠征——甚至愛德華一世的一次親自訪問（1286-1289）。

假如不是有其他兩個因素的話，英法關係也許會繼續以這種方式逐漸惡化下去。英國政府痛恨法國與蘇格蘭結成的聯盟（自1295年起），並且因為在愛德華三世入侵蘇格蘭之後，法國為蘇格蘭國王戴維二世提供庇護（1334）而感到憤怒。更有爭議性的是因法國卡佩王室長子一脈的即將衰亡而引起的後果。1314-1328年間連續4位法國國王的去世，使得加斯科涅每一次都得向新國王宣誓效忠，這件事本身就已經夠惱人

的了，可是最後一位卡佩家族的國王於1328年去世一事又提出了法國王位本身的繼承權問題。當時新任的英國國王愛德華三世(1327-1377)還不能通過他的法國母親伊莎貝拉(Isabella)對法國王位提出要求，但是到加斯科涅的形勢進一步惡化的1337年，他終於這樣做了。他的這一行動也許主要是出於戰術的考慮，即想使瓦盧瓦家族的新國王腓力六世(Philip VI)感到難堪；當然，讓英國國王成為法蘭西國王會有不可否認的好處，能一下子解決棘手的加斯科涅問題：確保加斯科涅的政治穩定和經濟繁榮。就這樣，當1337年，一支法國艦隊被人發現離開諾曼底的海岸、前往蘇格蘭時(英國人是這樣認為的)，英法戰爭便開始了，而且將持續一個多世紀。

英國對戰爭目標的追求既不是連續不斷的，也不是前後一致的。尤其是在14世紀，它的戰爭外交是由一系列緊迫的問題所主宰的，其中最主要的是如何維持在加斯科涅的獨立統治和如何阻止蘇格蘭人為支援法國人而發起的對英格蘭北部邊界的攻擊。甚至在1337年對法國王位提出要求之後，愛德華三世仍然準備讓法國贖回在普瓦捷戰役(1356)中被俘的法國國王約翰二世(John II)，並且放棄他在《布雷蒂尼條約》(1360)中所提出的要求，以換取實際的讓步。然而王朝之間的聯姻、貿易和戰略的考慮，甚至對待1308-1378年間在阿維尼翁所設立的教皇政體的不同態度等

因素結合在一起，把英法之間的矛盾擴展到了低地國家、卡斯蒂利亞和葡萄牙，以及蘇格蘭、愛爾蘭，甚至威爾士。首先，眾多的戰役(因為這是一系列不連貫的衝突，而非一場戰爭)為1338–1340年間在法國北部發起的圍城戰役；接着就是1341–1347年間橫貫布列塔尼、加斯科涅和諾曼底等法國省份且更為激烈的鉗形運動戰(其結果是英國人在克雷西戰役中獲勝，並且奪取了加來)。隨後就是愛德華三世的長子，即愛德華黑王子(Edward the Black Prince)，1355–1356年間從加斯科涅發動的大膽的急行軍或騎兵侵襲(chevauchées)(最終在普瓦捷大獲全勝)和國王本人1359年對蘭斯的奔襲，後者是傳統的法國國王加冕地。重新開始的卡斯蒂利亞戰役(1367)開啟了一個規模更小和時斷時續的戰爭時期，戰場設在葡萄牙、佛蘭德和法國本地，雙方都因持續的戰爭狀態而感到疲憊不堪。

　　戰爭最初對於兩個王國中更為團結和組織更嚴密的英國有利。它基於羊毛生產的繁榮經濟，以及它在威爾士和蘇格蘭作戰的經驗是其在歐洲大陸發動大規模戰役的珍貴基礎。高度獨立的法國省份的存在決定了英國的戰略。1338–1340年間，愛德華三世在低地國家發動的戰役得到了佛蘭德生產棉布諸城鎮的支持。佛蘭德儘管隸屬於法國國王的統治，但是跟英國有着非常重要的貿易聯繫。在14世紀40年代，布列塔尼公國的繼位問題使得英國軍隊參與了調停，甚至擔負了

好幾個城堡的衛戍任務；而加斯科涅，儘管遠在法國南部，為英國人提供了前往法國中部的直接通道。

不列顛群島內部的戰爭給了英國政府一個獨特的機會來採用新方法招募大量軍隊。由立下契約的指揮官所招募的僱傭軍按新的方式支付報酬，它們的軍事單位較小，紀律更為嚴明，要比組織鬆懈、行動笨拙的法國軍隊更為可靠和靈活；它們增補並逐漸取代了傳統的封建軍隊編制。

英國軍隊的士兵和弓箭手擅長使用大弓，並在戰鬥中採用防禦的戰術。這些特點使他們在戰爭的最初幾十年當中佔有決定性的優勢，並且克服各種不利條件，取得了一些重大的勝利(最著名的是克雷西戰役和普瓦捷戰役)。海上的戰爭並不是太重要，而且海戰的戰術也沒有甚麼新意或想像力。14世紀的指揮官們通常沒有能力發動海上的戰爭，英國人於1340年取勝的斯勒伊斯戰役對於愛德華三世的佛蘭德遠征來說只是偶爾發生的。英國人從來沒有養護過一支常備的艦隊，然而瓦盧瓦家族的國王們從他們的卡斯蒂利亞同盟者那兒學到了海戰的技術，並且後來還在魯昂建立了造船廠，這使得法國人在隨後的海戰中佔了上風(如1372年他們在拉羅謝爾海域的戰鬥中所取得的勝利)。

英國人對於英法戰爭的投資是巨大且前所未有的。令人印象深刻的是，遠征組織得相當頻繁，有時規模也很大(如在1346–1347年間的那次遠征人數達到

了一萬多人）。財政上的花費極其巨大，在戰爭勝利的情況下尚可容忍；但在1369年以後，隨着英國軍事優勢越來越少，英國政府開始訴諸於新的且更為孤注一擲的權宜之計，包括人頭稅。用於防禦和遠征的運輸船只不能光靠英國南部5個港口的傳統義務來提供，成百上千艘商船(例如1347年用於圍困加來的船隻就多達735艘)被徵用，退出了正常的商業運行。針對1369年之後日趨猖獗的法蘭西和卡斯蒂利亞海上襲擊者的海上防禦是由英國南部和東部沿海諸郡來進行組織、並得到內陸各郡支持的——但儘管如此，也不能夠防止溫奇爾西(1360)、拉伊(1377)和其他海港城市遭受劫掠。戰爭的費用的確非常高昂。説真的，確實有許多士兵享用着被征服的法國莊園，而且在勝利的年代裏，贖金的收益非常大(光是法王約翰二世的贖金就高達500,000英鎊)。然而成千上萬英格蘭人、威爾士人和愛爾蘭人的生活和職業因戰爭服役而被迫中斷；食品、物質和設備的供應被轉用於完全是破壞性的作戰行動；羊毛和酒類的貿易受到了嚴重的阻礙。引人注目的是，英國能夠在海外打仗數十年，而沒有造成國內政治和社會的嚴重緊張，與此同時它還防禦了蘇格蘭邊界，使威爾士保持平靜，並且避免了愛爾蘭的暴亂。這一成就在很大程度上歸功於愛德華三世和黑王子的雄心、榜樣力量和領導才能，他們兩人體現了受到貴族誇耀和全社會仰慕的騎士美德。

對於讓·傅華薩(Jean Froissart)[1]這個認識愛德華三世父子、並且記錄了當時最感人騎士之事蹟的埃諾人來說，那位國王「高大魁梧、相貌堂堂，自從亞瑟王的時代以來，還沒見過像他那麼英武的騎士」。他的兒子看上去也是個「最魁偉的男子和富有騎士精神的王子」，他於1376年比愛德華三世早一年去世時，「人們為他的崇高品質而感到深深的哀悼」。英王愛德華三世所掌握的英國政權要比愛德華一世的政權更為溫和，而且遠比愛德華二世的政權能幹。

為戰爭籌措資金、政治改革和國內紛爭

這些戰爭是英國社會變革、憲政發展和政治矛盾的催化劑，假如沒有戰爭，這些變化都會來得更加遲緩。此外，跟歐洲其他國家一樣，英國在14世紀也經歷了人口和經濟的波動，從而加劇了緊張和動盪的局勢。其結果就是一系列的危機，它們反映出國王與臣民(尤其是那些自認為是代表了整個「王國社區」的權貴們)之間的關係是多麼微妙，以及國王本人對於個人君主體制來說有多麼重要。愛德華一世及其顧問們也許能幹而又堅定，甚至富有遠見，但是國王頑固和專

---

1 讓·傅華薩(1333?–1400)是曾經長期在英國王宮裏服務的法國詩人和宮廷史官。他所著的《聞見錄》記錄了英法百年戰爭中的許多史實。

制的本性使他與那些有影響力的臣民之間的關係變得十分緊張。在1290至1297年間，有產階級、商人，尤其是教士們，不得不為國王在法國和不列顛群島的征戰計劃交納極其繁重和花樣翻新的賦稅(其收繳頻率是愛德華一世統治上半時期的四倍)。人們曾經有過抵制的行為，1297年的財產稅只收繳了預期數目的一小部分(35,000英鎊)。此外，國王所召集的軍隊長期在王國境外服役。愛德華一世壓制反抗行為的做法令教士們十分震驚，也使商人們深感怨憤。權貴中的頭面人物，包括那些怨恨愛德華一世侵犯他們所珍視的特權的威爾士邊境的領主們，重操他們自封為王國代言人的古老角色，對此作出回應，分別於1297和1300年兩次向國王提出了他們的抱怨。他們利用《大憲章》作為反抗旗幟，反對未經納稅人的許可就強行徵稅，反對具有壓迫性和前所未有的苛捐雜稅。然而，當愛德華一世於1307年7月7日即將穿越索爾韋灣、對蘇格蘭發動第六次遠征之際不幸遇難，在巴勒-拜-桑茲死於侍從懷抱之中時，戰時的困難依然存在。國王留給了他兒子和繼承人愛德華二世(1307–1327)一場在北方進行的、還遠未能看見勝利且代價高昂的戰爭，以及因君王與臣民之間的信任逐漸喪失而造成的英格蘭政治動亂。政治穩定和戰爭這兩個頭等問題在其後的200年當中主宰了公共事務，並且對英國的社會和政治凝聚力，以及對它的經濟繁榮，都產生了深遠的影響。

新的國王若想避免王權的進一步危機，就需要有超乎尋常的老練圓通。

但老練圓通並非是愛德華二世的突出品格。由於童年缺乏關愛，青少年時期又受到父親的冷落，而且登基時面臨着眾多尚未解決的問題，所以愛德華二世從彼得·加弗斯頓（Peter Gavaston）和休·德斯彭瑟（Hugh Despenser）這類野心勃勃的親信那兒尋求建議、友誼，甚至感情，而這些人卻並不值得國王信任，他們的影響力招來了許多權貴的怨恨。以上這些事實，與以蘭開斯特伯爵托馬斯（Thomas, earl of Lancaster）為首的權貴們想要迫使愛德華二世作出愛德華一世所不願意的妥協和改革的決心合在一起，把治理一個面對蘇格蘭、愛爾蘭、威爾士和法國破壞的王國所需克服的巨大困難轉變成了一場爭取政治改革和個人晉升的鬥爭。冗長而更為明確的加冕誓言（1308）制約了新國王，使他能更堅定地遵循英國的法律和習慣，而1311年權貴們又制定了法令以限制國王的行動自由；這些法令在議會內宣佈，以便獲得廣泛的支持和贊同。愛德華二世具有他父親的頑固個性（儘管沒有具備他的能力），而加弗斯頓被謀殺一事（1312）又把這種個性轉變成了一種不可動搖的決心，即絕不受他朋友之謀殺者們的控制。與此同時，戰爭和防禦對國王的臣民們所造成的負擔絲毫也不比愛德華一世進行征服的時期更加輕鬆，而且這正是1315–1322年間，一連串自然災害

和牲畜瘟疫造成了嚴重的社會苦難和貧困。1321-1322年間的內戰和1326-1327年間的國王被廢黜都是國王與臣民為相互的利益而進行合作失敗的必然後果。愛德華二世於1322年在議會裏廢除了那些法令，同樣是在1322年，在巴勒布里奇打敗他的對手之後，國王在（約克的）議會裏處死了蘭開斯特伯爵。到了1326年，愛德華二世被廢黜、把王位讓給同名的兒子和繼承人。對於一個因殘忍、具有壓迫性和失敗的統治而釀成了國內紛爭的政權來說，這似乎是唯一的抉擇。這一令人生畏的行動是伊莎貝拉王后密謀發起的，得到了愛德華王子的默認，獲得了大量權貴和其他人的支持，並在議會中得以宣佈。這種事件是前所未有的：自從諾曼底征服以來，還沒有一個英國國王被趕下過王位。所以在1327年，人們盡了一切努力，想要隱藏那隱藏不了的事實，並試圖為無法辯解的事情作出辯解。那位愁眉苦臉、熱淚盈眶、幾近昏厥而令人生厭的國王被迫同意自己的退位，而議會召開了一次會議，把責任推卸在盡可能多的人身上。儘管愛德華二世的兒子的繼位保證了世襲原則免遭損害，但是受膏國王的不可侵犯性已經被破壞了。

愛德華三世的統治

雖然在1327年時只有14歲，但是愛德華三世很快

在1330年便有了孩子。事實證明他比他的父親更有能力，且對權貴們的態度和志向更為敏感——實際上他分享着他們對戰爭的態度和志向，而且接受貴族社會的騎士義務。與此同時，新國王在法國那些宏大和頗得民心的計劃所引起的問題與愛德華一世所提出的那些有關不列顛群島和加斯科涅的計劃情況類似。倘若這些計劃最終證明是不成功的，英國很可能會發生類似於在愛德華二世統治下所出現的那些事件。曠日持久的戰爭於1337年再次爆發，這意味着賦稅的增長甚至超過了愛德華一世統治時期最後幾年的水平，而愛德華三世對待商人、銀行家和大地主們的態度，就像愛德華一世一樣冷酷無情。不僅如此，由於國王長期在國外打仗，跟權貴們一樣迷戀於衝鋒陷陣，因此國內通常由國王親自指揮的複雜行政管理機構出現了一些嚴重的問題。愛德華三世於1338年在泰晤士河畔的沃爾頓頒發的有關從國外指揮英國政府的法令使位於法國北部的國王及其顧問與留守國內的政務會委員們產生了矛盾。有人甚至擔心，假如英國在戰爭中取勝，英格蘭也許會在愛德華三世的心目中淪為二流國家，而法蘭西王國則會成為他的最愛。就這樣，1339-1343年間又出現了一場新的危機，權貴們、商人們和議會下院(現在已成為國王徵稅要求的論壇)的議員們聯合起來對國王提出了抗議。愛德華三世被迫對權貴、教士和臣民們採取顯得更為慎重和體貼的做

法。最終的妥協和恢復臣民對國王的信任（自從13世紀90年代以來，它已變得難以捉摸）之所以可能，則因為愛德華三世是一位通情達理和講究實際的君王，既具有自信，但又不流於傲慢。他指定了能夠被權貴們所接受的大臣，迎合了議會的妄自尊大，而且還發展了跟臣民之間的良好關係，使他得以在四分之一個世紀中維持了對英格蘭的統治以及對法蘭西的野心。進一步的危機得以避免，儘管英格蘭已經涉足於它最重要的戰爭。

　　14世紀70年代與80年代的形勢之間有一個巨大的對比。對於當時那一代英國人來說，從1369年起在法國重新開始的戰爭遭遇失敗和在愛爾蘭和蘇格蘭邊境令國力衰竭的小規模戰鬥是令人不安的；而新一輪的賦稅，在英格蘭享受了戰爭帶來的利潤和暫緩納稅10年之後又重新被提出來，遭到了人們的怨恨。英國南部港口城市遭受的頻繁襲擊、英吉利海峽不可靠的海上控制威脅到了商業貿易，令商人們感到煩惱。在法蘭西境內代價高昂的騎兵侵襲偶爾也顯得引人注目，但很少有贏利的。然而1375年英國的政策突然發生逆轉，與法國訂立了屈辱的停火協議，還得向不被信任的教皇支付款項，其結果是冒犯和激怒了英國人民。此外，堪稱王后楷模的菲利帕王后（Queen Philippa）於1369年去世之後，愛德華三世逐漸變得老態龍鍾，不僅體力衰退，就連判斷力也受到了損害。黑王子也因

圖9　英王愛德華二世，愛德華一世與卡斯蒂利亞的埃萊諾（Eleanor of Castile）在世的長子；他於1308年跟法蘭西的伊莎貝拉結婚；1327年被廢黜並被謀殺。他在格洛斯特的精美雪花石膏墳墓（約1331）成為了一個朝聖地。

參戰過於頻繁和勞累而開始元氣大傷；事實上，他先於父親在1376年6月去世。然而，加在英國人身上的財政、人力和其他負擔並沒有得到減輕。人們，尤其是議會的下議院議員們，對國王身邊的顧問和官員們的誠實和能力紛紛提出了質疑。再加上因羅馬教廷和

圖10 一位騎士正在為比武作準備，所謂比武，也就是為戰爭作準備的一種操練和騎士的一種戶外運動。圖中，傑弗里‧德勒特雷爾爵士（Sir Geoffrey de Luttrell）在妻子和女兒的幫助下披掛甲冑。（選自著名的《勒特雷爾聖詩集》，約 1340。）

教會形象一落千丈而引發反教權主義思潮風起雲湧，在愛德華三世手下擔任大臣的神職人員迫於群眾的抗議而於1371年提出辭職，其他的大臣也被控腐敗甚至叛國等罪名。另一個政治危機也出現了。在1376年的「好人議會」這個歷時最長和最富有戲劇性的會議中，那些據說腐敗和無能的大臣們，甚至還有老國王富有影響力的情婦艾利斯‧佩雷爾斯（Alice Perrers），都受到了下院議員的指控，並且經過一種新穎和非常有效的彈劾程序，在上院接受了審判。從此以後，根

據這種彈劾程序，凡是權居高位的人都必須公開為他們的公眾行為負責。

理查二世登基

當愛德華三世本人於1377年6月去世的時候，這場危機進入了一個新的階段。他的王位由黑王子唯一活下來的兒子和繼承人，即當時剛10歲的理查二世（Richard II, 1377–1399）所繼承。英國面臨自1066年來第二次和自1216年以來第一次由未成年人繼位的前景。在年幼的亨利三世登基之後曾經圍繞他出現過一段政治動亂的時期；在1377年之後也出現了類似的情景，並由於這個原因在英格蘭的東部和東南部引發了1381年的農民起義（參見第六章）。1377–1380年間，英國推行了一系列的人頭稅，以籌集軍費。這些人頭稅的稅率要比一般的賦稅高，1379年的人頭稅被稱為「罪惡津貼」。它們在東英吉利亞激起了暴力抗擊收稅人及試圖強迫人們納稅的法官的浪潮。但把這些讓人惱火的事情轉化成大規模叛亂的因素有：因戰爭失敗而在國內引起的長期混亂、不斷發生的瘟疫所造成的影響，以及當時的反教權主義情緒。叛亂者們把解決問題的希望寄託在年幼的理查王身上，但是這種想法被證明是無望的，儘管他在1381年面對倫敦的叛亂者們時顯示出了相當的勇氣。

理查二世才14歲，統治集團內的貴族紛爭依然在繼續，國王的叔父們也是其中主要的參與者。正是這一點以及英國在法國缺乏進一步軍事勝利的事實損壞了以理查的名義統治英國的顧問委員會的名譽，甚至損壞了國王本身在臣民眼中的形象。理查也正在變成一個任性的君王，因其不安全感而導致他依賴卑鄙的心腹小人，使人們回想起愛德華二世的密友。當他逐漸長大以後，自然想要擴大他隨從和侍從的人數，以超過他以前作為孩子來說合適的數目。在他的朋友和夥伴中有一些剛剛成為貴族的人，所有這些人都受到了國王慷慨的庇護，而那些沒有得到理查恩惠的人（包括他的叔父格洛斯特）的利益則受到了損害。1386年，議會和一些權貴們攻訐理查二世最親密的夥伴，甚至威脅到了國王本人。具有安茹王朝成員那種頑固不化個性的理查二世拒絕屈服。這就導致了格洛斯特公爵、沃里克伯爵、阿倫德爾伯爵、諾丁漢伯爵和國王的堂兄德比伯爵等五位主要的「上訴」貴族對他的顧問們提出了進一步的控告或上訴，還導致了1387年12月在拉德克特橋發生了一場小規模的戰鬥，國王最親密的朋友牛津伯爵被擊敗。在具有重大影響的「無情議會」（1388）上，國王被迫接受貴族們的懲罰——假如這種做法能夠延續下來的話，將會大大地改變英國君主制的性質。戰爭的壓力、個人統治所造成的緊張局面，以及英國權貴們的野心，又一次造成了最嚴重

的政治和憲法危機。世襲君主制的機構在經歷了一個多世紀這樣的危機之後，基本上沒有受到甚麼損害，但是對國王顧問們的批評卻達到了一個新的有效水準，而來自廣大社會階層的意見對事件產生了重大的影響。這些就是中世紀後期改變英國社會和經濟生活的更深層變化的政治和個人維度。

第六章
中世紀晚期的財富、人口和社會變化

中世紀後期英國的財富就是它的土地，大多數的英國人口都在從事這些土地的耕作和利用：種莊稼、生產奶制品和養牲畜。英格蘭最重要的工業，即紡織業，也是間接地以土地為基礎的，經常是從數量龐大的羊群身上生產出歐洲最好的羊毛：格洛斯特郡的聖彼得修道院在1300年就擁有一萬多頭綿羊，而當時英格蘭所擁有的綿羊總數據估計在1,500萬頭和1,800萬頭之間。最富有的地區就是英格蘭中部和南部各郡的低窪地區和綿延起伏的丘林地帶，一直延伸到威爾士的邊境和威爾士南部沿岸地區。其他的工業在創造財富和僱用勞動力方面顯得較為次要，但是康沃爾郡的錫礦卻是國際著名的，錫還被出口到歐洲大陸。鉛礦、鐵礦和煤礦的規模較小，儘管從泰恩山谷和斯旺西的周邊地區向外運煤的沿海航運反映了家庭和工業用煤的日益增長。至於財政和貿易機構，國民經濟從中收益甚微，但是到了現代，它們卻成為了英國主要的財富來源之一。除了赫爾的德拉波爾家族(the de la Poles)，很少有英國商人能夠與在倫敦建有分行的意大

利銀行家們進行競爭，儘管事實上，愛德華一世和愛德華三世向這些意大利公司借貸的戰爭軍費往往逾期不還。英國的商船隊，除了沿海地區外，往往要比外國的船隻稍遜一籌，然而運往低地國家的加斯科涅的釀酒和羊毛產品確實是越來越多地落入了英國商人的手中和英國商船隊的貨艙裏。在英格蘭和威爾士的鄉間分佈着1,000多個市場和集市——到了1350年時，它們的數量超過了以往——它們主要是為位於半徑20多英里內的當地社區服務的。這些小型城鎮和鄉村的大多數——包括蒙茅斯、伍斯特和斯特拉特福——跟它們的鄉間腹地緊密聯繫，那兒的富裕居民經常在城鎮生活中擔當相應角色：參加行會、購買和出租城裏的住宅，以及出任城裏的職位等。有少數城鎮，包括有些港口城市，面積更大，具有更為廣闊的貿易視野：什魯斯伯里的商人們在15世紀時經常前往倫敦，而倫敦和加來的商人們在1347年以後經常訪問威爾士的邊境地區，以尋求優質的羊毛。與波爾多有密切聯繫的布里斯托爾正在很快地變成中世紀後期塞文賽德的貨物集散地，而約克、考文垂，尤其是倫敦，成為了國際貿易的中心。

地主、農民和商人們

這些財富帶來了個人、機構和王室的繁榮。最

大的地主就是世俗的權貴們（就像「平原上的摩天大樓」，人數很少）、主教們、修道院和其他宗教機構。在1300年，這些人和機構仍然從因前一個世紀人口增長而創造的市場繁榮中大量獲益。物價上揚，來自土地的收入相當可觀：當格洛斯特伯爵於1314年在班諾克本去世時，他的莊園每年收益據估計為6,000多英鎊，而坎特伯雷的基督教堂小隱修院於1331年獲得了超過2,540英鎊的毛年收入。因此地主們直接從莊園中得到收益，並對莊園的有效管理產生個人興趣。他們盡可能地將自己的權利最大化，試圖從佃戶們的身上壓榨出更多的租金，在莊園法庭仔細地記錄與財產相關的各項義務。這種源於土地的財富是貴族政治、行政管理和社會影響的基礎。許多貴族同時在好幾個郡縣以及威爾士和愛爾蘭擁有莊園：例如赫里福德和埃塞克斯伯爵漢弗萊（Humphrey）就在埃塞克斯、米德爾塞克斯、亨廷登郡、赫特福德郡和白金漢郡，以及在布雷肯、海伊、亨廷頓和威爾士邊境的卡爾迪科特繼承了財產。土地同樣也是士紳階層家產的基礎，儘管是在一個更為地方化的郡縣層次上，而土地也使教會機構具有一種世俗的權威，以輔助它們對於人們心靈的控制。這種財富可用以支持個人在一個更為全國性的舞臺上的要求和野心，例如蘭卡斯特伯爵托馬斯（1322年死）這個當時英格蘭最富有的伯爵。

　　1300年的農民們生活在一個土地缺乏而改善經濟

狀況的機會又受到地主們的嚴密控制的世界裏。物價很高 —— 與13世紀前半期相比較，1270年以後的小麥價格一直居高不下 —— 在購買了食品、衣服和農具以後，農民的餘錢很少。在一個供過於求的勞動力市場上，工資很低，無論是熟練工，還是非熟練工，其購買力都很低：一個木匠每天只能掙3便士（不管飯），一名苦力只能掙一便士，或一個半便士。牢騷、抱怨，以及陣發的暴力都是針對地主及其手下管事的，抗租和拒絕按習俗服勞役的事件時有發生。

1300年的商人們大多數從事羊毛的出口和葡萄酒的進口，他們在從波羅的海一直擴展到西班牙和葡萄牙的市場上生意興隆，尤其是在開通了從地中海到意大利北部的海上通道之後。在1304–1311年間，羊毛出口平均每年為39,500袋（每袋至少含有從250隻羊身上一次剪得的羊毛），而且只有30%至40%的出口羊毛是由外國人運送的。在英國商業界逐漸興起的排外情緒反映出本地（或外來定居）商人的自信和果斷。愛德華一世曾經在13世紀80年代為他們的利益立法，最主要的就是有利於商人們用法律手段來追回債務，這對於擴大商業貿易是十分關鍵的。但是當戰爭爆發時，正是商人們首當其衝地抵制高額的賦稅，尤其是1294年的「罪惡賦稅」（maltolt），以及對商船的徵募。

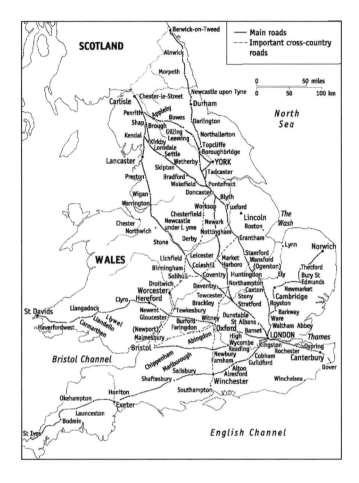

地圖3 中世紀英格蘭和威爾士的主要道路

賦稅、工資和就業

　　國王是全英國最大的地主，甚至在愛德華一世得到威爾士的一塊領地和1399年蘭開斯特家族的莊園被王室兼並之前就是如此。在愛德華一世及其繼承人的統治下全國稅制的發展使得王室也可以向地主和商人們索取財產。就連農民也不能倖免，就像愛德華一世統治時期，人們在通俗小調《農夫之歌》中所唱的那樣。接着，在1327年，所有擁有價值至少在10先令以上財產的人都必須支付1先令8便士的賦稅，毫無疑問，納稅的負擔被間接地轉移到了不那麼富裕的人身上。對於戰爭的全神貫注使得國王嚴重依賴於臣民的財富和寬容。假如這種財富停止增長，或假如個人和機構的繁榮被破壞，那麼國王異乎尋常的投入也許最終會被釜底抽薪，而他臣民的忍耐力也會達到危險的臨界線。

　　到了14世紀中期，「全盛農作」的繁榮時期已經基本結束。物價低迷，使為市場而耕種變得不那麼有利可圖。工資上漲，農業工人的工資漲得比手工藝人的更快。僱用婦女也不再有利，因為男女同工同酬──事實上，為了招徠幹活的人，婦女的工資甚至更高！大規模耕種之所以失去它的吸引力，主要是因為人口增長已經停止，甚至迅速出現了負增長。當勞動力市場緊縮之後，工資便增加了；人口減少之後，

對於食品和日用品的需求也隨之減少，於是物價也降了下來。

人口、貧窮和瘟疫

大約在13世紀末，英國人口達到了400多萬的頂峰。當時沒有足夠的耕地來保證所有農民的家庭都能夠過上像樣的生活。大量人口加上低生活水準不可避免地意味着貧窮、饑荒、疾病和不斷上升的死亡率，人口的快速增長隨之停滯。那些生活在貧困線上下的人們，其生活狀況又因為14世紀初對土地的過度開發和極其惡劣的天氣帶來的一系列自然災害而變得更加窘迫。收成不好對於一個沒有適當糧食儲備條件的社會來說是災難性的：食物越來越少，而且人們也沒有錢去購買價格越來越昂貴的食品。1315、1316、1320和1321這幾年的收成尤其不好；牛羊的瘟疫在1319年和1321年非常猖獗，劍橋郡拉姆齊修道院的莊園花了20年才使牛羊的頭數恢復到了以前的水平；而在1324–1326年間，英格蘭部分地區遭受好幾次洪災，光是肯特郡就淹死了成千上萬頭羊。饑荒和疾病到處傳播，1315–1317年間，伍斯特郡的黑爾斯歐文農莊有15%的男子死於饑荒和疾病。農業的混亂在英國頗為廣泛，穀物價格飛漲（1315–1316年間，黑爾斯歐文一帶的穀物價格從每誇特5先令7¼便士漲到了26先令8便士），

羊毛出口暴跌。然而，這只是一個暫時的災難，在14世紀20年代，英國經濟逐漸恢復；但是窮人最易受傷害的特點顯露無遺。

持續時間更長和影響更為深刻的是瘟疫所造成的後果。從16世紀以來被稱作「黑死病」、但是被同時代人叫作「速死病」的瘟疫首次於1348年在英國南部爆發；到了1349年，它已經往北傳播到了蘇格蘭的中部。一位同時代的牛津郡教士傑弗里·勒貝克(Geoffrey le Baker)描述了它從港口城市開始傳播的路徑——因為瘟疫是由老鼠肆虐的船隻帶到英國來的，以及人們在診斷它的起因和對付它的病徵時所顯示出來的茫然無助：

> 起初它在多塞特感染了這個海港城市幾乎所有的居民，接著它又傳染給了住在內地的人們，並從那兒經過德文和薩默塞特，一直傳到了布里斯托爾。所以住在格洛斯特郡的人們拒絕讓布里斯托爾的居民入境，大家都認為那些住在瘟疫區的人的呼吸都是有傳染性的。但是瘟疫最終還是襲擊了格洛斯特，是的，還有牛津和倫敦，最後全英國都受到了該瘟疫的嚴重襲擊，無論男女，只有十分之一的人活了下來。由於墓園裝不下這麼多的死屍，人們選擇了農田來埋葬死人……無數的平民和大量獻身於上帝的修士、修女和教士都死於瘟疫。而且被瘟疫襲擊的主要是那些年輕力壯的人……這場於8月15

圖11 一位肯特郡的農民在1390年前後被迫在公眾面前赤腳背着一口袋乾草和麥稈,從溫厄姆前往6英里之外坎特伯雷的紅衣主教宅邸。14世紀後期的佃農們試圖避免為領主們幹這種令人感到屈辱的勞役。(選自紅衣主教威廉·庫爾特尼[Archbishop William Courtenay]的花名冊[1381-1396],337頁。)

日在布里斯托爾爆發和9月29日在倫敦爆發的瘟疫在英國肆虐長達一年之久,使許多村莊變得空無一人。當這場大災難橫掃英格蘭之際,蘇格蘭人歡欣鼓舞,以為他們能夠打敗英國人,得到他們所想要的東西……但是緊隨着歡樂而來的卻是悲傷,上帝的憤怒之劍離開了英國人,並將蘇格蘭人逼入了絕境……第二年,瘟疫又降臨了威爾士和英格蘭;最後它搭上風帆,去了愛爾蘭,在那兒它殺死了大量的英國移民,但是居住在山上和高原的純愛爾蘭人卻幾乎毫髮未傷,直到公元1357年,它才不期而至,像在其他地方一樣,殺死了大量的愛爾蘭人。

黑死病所造成的經濟影響

　　黑死病一下子就把英國的人口削減了三分之一。到了1350年，泰恩河邊的紐卡斯爾「就像戰爭時期遇到各種其他災禍那樣，因致命的瘟疫」而陷入了嚴重的財政危機，卡萊爾「也因近來(蘇格蘭人)的經常襲擊和在這些地區肆虐一時的致命瘟疫而變得荒蕪和極其蕭條」。薩塞克斯郡的錫福德據稱甚至到了1356年，「還因受到瘟疫和戰亂的蹂躪，使得那兒的居民如此稀少和貧窮，以致於他們付不起賦稅，也無法保衛自己的城市」。牛津郡的塔斯莫是瘟疫的另一個犧牲品：到了1358年，國王准許把那兒的農田改為公園，因為所有的隸農都已經病死，村裏已經沒有任何納稅人了。然而黑死病的影響並非馬上就是、也非永久都是災難性的。住在裏辛的一個威爾士人的行為頗有代表性：他「在瘟疫來臨時因貧窮而離開了他的土地」，但是在1354年他又回來了，「因領主的恩惠而被允許為原來的領主服務並保持原來的土地」。不管怎麼說，在一個人口稠密的國家裏，死去的佃農可以被別人所取代，地主們在其後20年中的收入只減少了不到10%。然而在下一個世紀中重新爆發的瘟疫——尤其是在1360–1362年間、1369年和1375年流行的瘟疫——才具有持久性的影響，哪怕這些疾病的爆發更加具有地方性和更多是在城市裏。到了15世紀中期的

時候，英國人口穩步地降到了大約250萬，或者更少。

對於那些在瘟疫中倖免於難的人來説，14世紀後期和15世紀的生活無疑並不像以前那麼可憐。對於許多農民來説，這是一個機會、野心和富裕的時代：喬叟（Chaucer）可以用輕鬆樂觀的筆調來描寫《坎特伯雷故事集》中的那些朝聖者，而不是營造一種愁苦和沮喪的氣氛。在緊縮的勞動力市場上，農民可以擺脱幾個世紀以來的不利條件，把租金壓下來，並且在被僱用時堅持索要較高的傭金；而且隨着物價的崩潰，他的生活水準得以提升。比較成功和有抱負的農民租下了新的土地，把多餘的現錢投資高利貸借給其他農民；尤其是在南部和東部，在農民史上頭一次建起了高大的石頭房子。

另一方面，地主們面臨着嚴重的困難。有關小麥、羊毛和其他商品的市場化生產並不掙錢，英國的耕地面積緊縮，農業投資減少。工資和其他費用上漲，似乎有必要放棄「高效農業」技術，而把小塊的土地出租給有進取心的農民。整個整個的社區都空空如也 —— 即英國「失去的村莊」 —— 有許多這樣的村莊是因為人口危機和持續不斷的戰爭這兩大折磨而被放棄的：在英格蘭地區，「失去的村莊」數量最多的是靠近蘇格蘭邊界的諾森伯蘭郡和成為敵人劫掠目標的懷特島。只是在15世紀的最後10年中 —— 東安吉利亞是從15世紀60年代開始 —— 英國的人口才開始有了

圖12 英國的中部和東部1,300個「消失的村莊」之一。格洛斯特郡的迪奇福德中部也許是在15世紀中期被放棄的，因為人口的減少和其從街道、小巷和開闊的田野到田園式的農業的轉變。過去的田野仍然有很明顯的標誌，在圖的前面部分可以看到田埂和犁溝等耕種的痕跡。

比較大的上升；有可能直到17世紀，英國的人口才重新達到了1300年的水平。

英國的經濟在14世紀後期有了顯著的緊縮，但並不是全面蕭條。當人們克服了瘟疫襲來時的心理震驚之後，社會調整得非常好，儘管混亂依然存在。地主們必須進行最痛苦的調整，他們的反應有好幾種不同的方式，其中並非所有的方式都是為了維護國內和平的。有些人，包括心態更為保守的教會地主們，例如聖奧爾本斯修道院的院長，採用了強制的手段，甚至

包括壓迫和勒索，以保持他們對於剩下的佃農的控制。有的人無情地剝削他們的莊園，以便保持他們的收入，而像莫蒂默家族(the Mortimers)等在威爾士擁有眾多莊園的權貴家族所持的嚴厲態度，也許正是引起格林杜爾叛亂(1400)的原因之一。其他像15世紀稍晚一些的白金漢公爵等人，採用效率更高的管理方法來改進莊園的利潤。然而其他人認為把田野和公地圈起來作為草場和農田的方法成本更低，並把它視為支撐不穩定的租金收入總額的一種替代手段；於是在15世紀後期，北部和西部圈地的做法逐漸升溫。大小地主們集體採取行動，「來遏制佃農們的怨恨，他們懶散成性，在瘟疫之後因得不到高額的工資，就不願意再侍奉主人」。愛德華三世關於恢復瘟疫之前的工資水平和阻止被解放的勞動力流動的法令(1349)很快就變成了議會的成文法(1351)。此外，佔據了顯赫位置的權貴或鄉紳還有補充性質的財富資源：如以分封土地、金錢和職位為形式的國王恩典(就像亨利六世[Henry VI]的博福特[Beaufort]親戚所熟知的那樣)；使約克公爵理查(Richard, 1460年去世)成為當時最富有的權貴的家庭財產繼承；以及與嫁妝豐厚的女繼承人或富有的寡婦結合的幸運婚姻。還有人靠為國王效勞而發家致富，這不僅僅是在戰爭時期。亨利五世輝煌勝利時的英國人捕獲了可交納大筆贖金的戰俘，以及得到了法蘭西北部的莊園，甚至晚至1448年，白金漢

公爵還可以每年從法國的佩爾什郡獲得超過530英鎊的收入。有人在15世紀中期大肆揮霍為國王服務和打仗而獲得的利潤，用它們來建造富麗堂皇和美麗優雅的城堡：例如約翰‧法斯托爾夫爵士(Sir John Fastolf)在諾福克的凱斯特所建造的城堡，或赫伯特家族(the Herberts)在格溫特的拉格蘭所建造的巨型宮殿式城堡，或拉爾夫‧博梯勒爵士(Sir Ralph Botiller)在格洛斯特郡的蘇德利所建造的城堡。上述手段和資源促成了貴族階層的崛起，他們的權力絲毫也不亞於前幾個世紀中的貴族，並經常具有很高的地區地位，就像北部的內維爾家族(the Nevilles)和珀西家族(the Percies)，以及西部的斯塔福德家族(the Staffords)和莫蒂默家族。

類似的調整也發生在英格蘭的城鎮和商業之中。羊毛生產仍然是一項主要的牧業，但是羊毛工業的模式卻在14世紀發生了改變。部分是由於戰爭，以及因為戰爭而造成佛蘭芒工業中斷的結果，部分是因為英國人趣味和需求的改變，紡織生產吸收了數量越來越多的、以前專供出口的羊毛；有一些專門從事羊毛出口的港口城市，如英格蘭東部的波士頓和林恩，便開始衰落。斯坦福和林肯等主要的紡織生產中心被坐落在靠近水流湍急的溪流和河流附近、有漂洗作坊的村莊和城鎮裏的一大批新的紡織生產中心所取代。約克因利茲、哈利法克斯和布拉德福德等城鎮的崛起而相形見絀；再往南，東英吉利亞、英格蘭西部，甚至威

爾士，都發展了繁榮的紡織工業，而布里斯托爾則成為了英格蘭西部的一個主要出口城市。倫敦是一個獨一無二的大城市：它是14世紀後期唯一一個人口也許已經超過了五萬的中世紀英國城市。它是全王國的貿易中心，是波羅的海、北海和地中海商業的終點站；它吸引了來自倫敦周圍各郡和東英吉利亞的移民，尤其是偏東部的中部地區的移民；而它的郊區沿泰晤士河匍匐而上，一直延伸到威斯敏斯特。在鄉間也同樣如此，這些變化撼動了一些城鎮的生活，那兒的自由民寡頭政治力圖在一個變化的世界中維持其控制。英格蘭的地主們就是這樣來試圖對抗經濟危機的，其代價是造成了他們與越來越自信的農民和已經確立的城市社區之間的緊張關係。

農民起義

14世紀英國在經濟、社會、政治和軍事等方面張力的累積效果最生動地反映在了1381年的農民起義上。它的猛烈程度、持續時間和在全國各地引起的反響都是異乎尋常的，但它的基本特徵，正如隨後的其他陰謀叛亂所體現的那樣，卻是司空見慣的。1381年如星火燎原般的暴力浪潮是由新一輪的人頭稅所引發的，這一次的稅率為每個人一先令，是1377年和1379年那兩次人頭稅稅率的三倍。人民對此作出的反應是

逃避徵稅和對收稅人及進行調查的法官採取暴力對抗，最終在1381年6月，爆發了武裝起義。城鎮和倫敦的居民也都加入了英格蘭東部和東南部農業工人的起義行列。東英吉利亞生產穀物和羊毛的鄉村感受到了因一個越來越過時的封建社會中經濟和社會矛盾的攣縮和破壞性而造成的巨大衝擊力。此外，14世紀70年代英國國內的政治管理不善和新近在法國的纍纍敗績使起義者感到幻滅，而且他們害怕敵人會在沿海地區發動襲擊。儘管異端邪說並沒有在這次起義中發揮重要的作用，但是起義者對英國教會的教義和組織所持的激烈批評使得許多人傾向於譴責似乎正在失職的教會。

對政府的壓力和對新國王的籲請（「支持理查王和真心的下院議員們」是起義者的口號）給人們帶來了消除苦難的最佳希望，而倫敦的人們則成為起義的潛在支持者。起義者們隨後從埃塞克斯郡和肯特郡（沃特·泰勒和教士出身的約翰·鮑爾就是在那兒成為起義領袖的）聚集到了倫敦。他們打開監獄，劫掠國王手下大臣們的居所，將倫敦塔洗劫一空，並且試圖迫使理查二世作出意義深遠的讓步和妥協，這些讓步一旦實行，將會打破現存農奴制度的桎梏，並且徹底顛覆教會和政府對土地的控制。但是這次起義的計劃和組織工作都十分糟糕，更像是屬因失望而自發揭竿而起的性質。到了6月15日，起義者們就已經各自分散回家了。

圖13 教士出身的1381年農民起義煽動者約翰‧鮑爾（John Ball）正在對由
沃特‧泰勒（Wat Tyler, 左面站在最前列者）率領的起義者們進行說
教；圖中的旗幟宣告了起義者們對國王理查二世的效忠。

第七章
重開戰爭，1390-1490

　　1389年，當時22歲的理查二世宣佈：「我已經成年，可以治理我的家庭、我的王室和我的王國。因為我認為自己目前的處境要比王國中最卑微的臣民都更加糟糕。」在1386-1388年間發生的事件，即上訴貴族們試圖決定國王對朋友和大臣們的選擇，並且控制他的政治行為，使不原諒人的國王與他的批評者之間的關係惡化了。在這些批評者中有一些是王國中最有權力的權貴們，他們在英格蘭中部和南部所擁有的莊園面積加起來可以與王室在更為遙遠的威爾士、柴郡和康沃爾郡所擁有的土地面積大致相等。然而在1389年之後，理查王開始謹慎地行使他作為英國國王的權力，並且憑藉他的悟性和勇氣，試圖解決在前一個世紀中由於前任國王的野心和政策所造成的問題。在一個政治相對平靜的時期，理查二世以王室及其遙遠的領地，尤其是柴郡和威爾士北部為基地，小心翼翼地組建了一支保王黨。阿倫德爾伯爵所喪失的爵位使他在威爾士邊境這個貴族力量最具有獨立性的地區掌握了更大的權力。1394-1395年間對愛爾蘭所發動的大規

模和代價高昂的遠征是自1210年以來由一位英國國王首次發動的侵略戰爭，它成功地重振了英國的統治，並且通過一系列軟硬兼施的手段，使蓋爾貴族和盎格魯—愛爾蘭貴族都歸順了英國國王；理查二世心裏也許還想着如何將長期擱置的征服英倫諸島的計劃最終變為現實。這次遠征無疑加強了他作為最高領主的權力，並且顯示出他的王室組織和資源所能夠做到的一切，儘管這只是暫時的。對於蘇格蘭，1388年英軍在奧特本打了敗仗之後，理查二世採取了鼓勵持不同政見的蘇格蘭權貴和策劃軍事行動的傳統政策；但是在14世紀90年代，他開始覺察到和平所帶來的好處。1396年與法國簽訂的一個和平條約和理查二世與瓦盧瓦的伊莎貝拉之間的婚姻中止了一場會使英國力量更加衰弱的戰爭；假如這次敵意的化解能夠按照預想的進程一直保持到1426年的話，它將會是整個百年戰爭中最長的一段和平時期。在國內，國王能夠集中精力來恢復皇家政府，因為在14世紀七八十年代由於國王個人性格和政治上的軟弱，政府已遭受了嚴重的破壞。為了達到這個目的，禮儀和視覺象徵被富有創造性地用來作為皇家的宣傳手段。

理查二世富有想像力、精明且專橫跋扈。他的其他品質則不太適合於一位國王。他的教養和青少年時期的經歷使得他有一種不安全感，導致他過於自信、不夠理性且任性多變。儘管對朋友慷慨得驚人，但他

也會出爾反爾、諱莫如深，對待敵人十分嚴厲。在1397–1398年間，他流放了沃里克伯爵，處死了阿倫德爾伯爵，謀殺了格洛斯特公爵，接着又流放了德比伯爵和諾丁漢伯爵。理查二世無情地施展了自己作為君王的個人權力（「他推翻了任何想要違反君權的人」是他為自己所撰寫的墓誌銘的一部分），他在位最後兩年中的表現使他被恰如其份地稱為暴君。教皇在他的勸誘下威脅要將任何「企圖對王室的權利、王權和自由持有偏見，並且惡意詆毀國王」的人開除教籍，而理查二世在與法國簽訂的和平條約中答應在有必要的情況下，幫助法國國王鎮壓自己的臣民。他於1399年5月對愛爾蘭的第二次訪問使得德比伯爵，和現在的赫里福德和蘭開斯特公爵亨利·博林布魯克（Henry Bolingbroke）有機會回到英國，重新獲得他的地位，並恢復他從父親那兒繼承的、但最近被理查二世所剝奪的蘭開斯特公國的莊園。國王的做法已經超出了英格蘭的法律和習慣，以及他手下權貴們所能容忍的限度。但是，同年9月29日理查二世的下臺，結束了英國人為解除戰爭負擔而作出的最持續的努力。

15世紀的英格蘭及其鄰國

廢黜理查二世是一個重大的決定。儘管有1327年的先例，但1399年的形勢在一個重要的方面有所不

同。這是自從獅心王理查去世以來，英國國王第一次在結束統治的時候沒有留下一個兒子和繼承人，所以王國現在面對王位繼承有爭議的可能性。自從1216年以來的習慣是把王位繼承權託付給長子的那一脈，哪怕這也許意味着讓一位孩子當國王（正如亨利三世和理查二世本人那樣）。在長子那一脈沒有繼承人的情況下還沒有一個公認的王位繼承辦法。1399年的王位繼承人若按血緣來排列的話，那就得在7歲的馬奇伯爵（他的祖母是愛德華三世第二個兒子萊昂內爾[Lionel]的後代）和33歲的亨利·博林布魯克（他的父親是愛德華國王的第三個兒子約翰）之間來選擇。博林布魯克因獲得被理查二世所疏遠的珀西家族的支持而奪取了王位。但是在理查二世被廢黜和囚禁所造成的特殊環境下，馬奇和博林布魯克都沒有明顯的優勢。無論博林布魯克一方如何歪曲、隱瞞和爭辯，都不能掩飾其政變（coup d'état）的真相。因此，就像12世紀那樣，英國政治中被注入了一種使朝代不穩定的因素，它造成了國內的混亂局面，並且鼓勵了下一個世紀中外來的陰謀和干涉。與此同時，英格蘭並不能逃脫它早先試圖在英倫三島上讓凱爾特人歸順而帶來的後果。在理查二世富有想像力的政策失敗之後，英國需要有一個更為穩定的關係來保證王國目前的安全，因為進一步的征服和殖民明顯超出了它資源的限度。英格蘭的國王們實際上已經放棄了所有要求在蘇格蘭和愛爾蘭

大部分地區得到最高領主地位的企圖。在15世紀，他們對蘇格蘭人採取了防禦的手段，部分是因為跟法國的重新開戰，部分也是因為英格蘭在亨利四世的統治下(1399–1413)和1450年之後所面臨的內部困難；蘇格蘭人甚至於1419年派遣了大量的增援部隊去幫助法國人。在一個短時間內(1406–1424)，國王詹姆斯一世(James I)在英格蘭被捕一事威懾住了邊界對面蘇格蘭人的敵意，但此後蘇格蘭人變得更加大膽，希望能收復羅克斯堡城堡和伯威克城堡，他們在1460–1461年間便實現了這一願望。襲擊、海上衝突和海盜行徑，再加上行之無效的停火協議，它們合在一起造成了一種沒完沒了的「冷戰」狀態。只有在百年戰爭結束(1453)和英國確立了約克王朝政權(1461)之後，英國才開始了對更穩定關係的認真尋求。英格蘭與蘇格蘭於1475年簽署了和平條約。1502年又取得了「永久性的和平」，儘管在法國方面還有些擔心，在蘇格蘭也偶爾有一些由英國人發動的戰役，如格洛斯特公爵理查(Richard, duke of Gloucester)於1482年奪取了伯威克。這標誌著兩國關係的一個重大改變，儘管邊境地區仍然時有突襲，而且混亂成為了一種生活方式。

對於英格蘭與愛爾蘭之間的關係所達成的平衡，英格蘭人並不像蓋爾人和盎格魯—愛爾蘭人那麼滿意。理查二世大膽地要求在愛爾蘭行使國王權威的做法已經失敗，並且在中世紀再沒有人重複這種做法。

國王在愛爾蘭的領主權，儘管花費了英格蘭大量的財政支持，始終是虛弱的：蓋爾人享有獨立和相對的繁榮，益格魯–愛爾蘭人珍視他們自己的權力，並且與他們的蓋爾人同僚達成了協議。英格蘭政府主要關注的是安全（「愛爾蘭是英格蘭下面的一段撐牆和一根樁，」15世紀30年代的一位同時代人如是說），只是在這種安全局面受到威爾士人叛亂（1400–1409），以及15世紀50年代的威脅時，英國人才有更多的興趣來關注愛爾蘭事務。其結果就是愛爾蘭內部的政治分裂和從英國分離出去。益格魯–愛爾蘭大權貴們是政府唯一可以依賴的力量源泉，以保持某種權威的樣子：大多數英國人甚至都不願意去愛爾蘭，從都柏林進行有效統治是不可能的，而征服愛爾蘭所需的資源根本就不存在。在15世紀，愛爾蘭的真正統治者是像奧蒙德伯爵和基爾代爾伯爵這樣的權貴們；即使政府想要驅逐他們，也難以做到。英愛關係雖然達到了平衡，但其代價是英國人放棄了有效的控制。

在威爾士，完全征服也帶來了它自身的問題，最主要的就是在14世紀後期紊亂的經濟氣候中，人們把怨恨集中在英國移民居住的城鎮上，並把矛頭對準了教會和政府的官員們，而他們大多來自英格蘭的邊境各郡，甚至更遙遠的地方。從1400年起，這種怨恨轉變成了歐文·格林杜爾的叛亂，在這次不愉快的經歷之後，大多數英國人都用一種懷疑和恐懼的眼光來看

待威爾士。有一個同時代人這樣敦促道：

> 提防威爾士，耶穌基督保佑我們，別讓它使我們的
> 孫輩們哭泣，假如真的會這樣，也別使我們因不警
> 覺而受傷；因日復一日人們都懼怕在那兒會發生叛
> 亂……

於是威爾士便給英國帶來了一個安全問題，而且是一個緊迫的問題。它不僅為外來的敵人提供了一個登陸之處（正如發生在格林杜爾叛亂的高峰時期和在玫瑰戰爭中不斷出現的那樣），而且還是一塊因管理不善和秩序混亂而被破壞的土地。亨利五世在挫敗叛亂之後對付威爾士人時表現出剛柔相濟的手段，還命令邊境地區的貴族們管轄他們的領地。但後來，無論是王室，還是邊境地區的貴族們都不能維持有效的統治，而威爾士的鄉紳階層，即英格蘭鄉紳的戰友們，表現出越來越微弱的責任心。然而王室和邊境地區的貴族們都需要這些威爾士鄉紳們來統治威爾士，因為王室沉陷於內戰，而且到了15世紀，少數貴族因收入銳減和威爾士人的敵意而不敢擺出貴族身份。整個國家到了1449年「治理不善的情況屢見不鮮，並且日益增加」，因此該世紀大部分時間裏都出現了秩序以及安全問題。從亨利六世到亨利七世（Henry VII）的一系列英國政權都試圖使威爾士保持和平，改進政府統治的

質量和控制地方鄉紳，只有這樣才能消除對於邊境各郡縣和國家穩定所構成的威脅。在15世紀上半期，目標是完善現存的執法機構，依靠皇家的官員和邊境地區的貴族們來完成他們的職責。最後採納了更為激進和富有建設性的解決方法，尤其是愛德華四世（Edward IV）於15世紀70年代把自己的兒子威爾士親王安插在拉德洛，以管轄威爾士的領地、邊境地區的貴族們，以及英格蘭邊境的各郡縣。這是一個大膽將權力下放的行動，他給予了未來的威爾士親王們管轄威爾士的職責。

英格蘭權貴們（由低到高依次為男爵、子爵、伯爵、侯爵和公爵）的領土權力對於保持王國的和平和政府統治的成功來說是極其重要的。他們在15世紀時成為了一個有嚴格定義和世襲的社會群體，並且幾乎一定持有議會上院的貴族席位。君王能夠冊封貴族（就像亨利六世和愛德華四世所做的那樣），並能夠提升現有的貴族爵位，而國王的恩典對於保持權貴的財富和影響也是至關重要的。凡是不注重這一點的君王往往會跟權貴們產生嚴重的矛盾（如理查二世和理查三世就為此付出了代價）。儘管他們的數目很小——最多不過60個家族，而且在幾十年的內戰之後也許還不到半數——但他們的作用至關重要，不僅因為有些權貴在威爾士邊境地區具有獨立領主的權力，以及內維爾家族和珀西家族在英格蘭北部的主宰地位，而且還因為

他們對英格蘭諸郡縣在社會和政治方面的控制力。對於王權來說，他們是比官僚系統或民事政府更為有效的一個支柱。對於有三個王朝是用暴力奪取王位，以及在國內外均有權貴積極參與的大規模軍事行動的15世紀來說，上面這一點則顯得尤其真實。英國在法國的失敗和在那兒喪失的英國領地，直接使英格蘭的權貴們蒙受恥辱，並且這也是愛德華四世和亨利七世後來所竭力想要避免的。這些權貴們跟英格蘭的鄉紳們具有相同的利益——約有6,000至9,000名鄉紳、候補騎士和騎士仰仗於權貴們的「仁慈領主權」，並且向權貴們回報以「忠誠的服務」。權貴們則給予酬金、土地和職位，以及貴族階層的建議、支持和軍事援助：在1454年，白金漢公爵將自己的徽章給了2,000名扈從。城鎮和城鎮居民們也是這種相互利益和服務的一部分，歷史學家們毫不客氣地將這種體系稱為「亞封建主義」。權貴、鄉紳和市民們在議會兩院（即上院和下院）中的行為是這種連鎖關係的另一個方面。

權貴及其扈從們的合作對於15世紀中那些篡奪王位的朝代來說顯得尤為重要。蘭開斯特家族根基深厚，因為亨利四世繼承了他父親岡特的約翰（John of Gaunt）所創建的利益關係網。年收入12,000英鎊的岡特是中世紀晚期英國最富有的權貴，而他那些幅員廣闊的莊園和大量的皇家恩賜現在由他作為英國國王的後代們（1399–1461）來支配。作為1399年另一位國王

候選人馬奇伯爵的繼承人的約克王朝（1461–1485），除了威爾士的邊境地區之外，則沒有繼承這麼多的土地和財富。他們沒能獲得大部分權貴的支持，這對於一個王朝來說，不能不說是一個嚴重的弱點：它只存在了24年。不僅繼承了蘭開斯特家族和約克家族的，而且還有內維爾家族和博福特家族的，以及其他內戰受害者的家族莊園、領地影響和賞賜的亨利七世建立了對所有英格蘭權貴和鄉紳們的最穩固的控制。

在英格蘭和威爾士的叛亂

第一位篡奪王位者亨利四世的優勢就在於他推翻了一位已經疏遠了很多人的國王，而凡是同情國王的貴族都已經身敗名裂。亨利四世的衝勁、毅力和調解能力——更別說他的慷慨——以及他的蘭開斯特家族背景和聯繫使得他能夠打敗任何英國國王所面對過的最嚇人的敵人組合。理查二世的鐵桿支持者企圖在溫莎城堡暗殺亨利四世及其兒子們的陰謀被挫敗，而這些叛亂者遭到逮捕，並於1399年12月在賽倫塞斯特被處死。來自這種「理查追隨者」的危險導致了理查二世本人不久之後在龐蒂弗拉克特城堡神秘死亡。堪稱1399年國王擁立者的諾森伯蘭和伍斯特的珀西伯爵們，在1403年時對於國王想要贏得持各種不同觀點的人的支持的目標是如此地不滿，以致於他們策劃了好

幾次叛亂。諾森伯蘭的兒子霍茨珀(Hotspur)在前往參加威爾士叛亂的途中被英軍打敗，並戰死在什魯斯伯里附近。在英國北部，珀西家族與約克大主教斯克羅普(Archbishop Scrope of York)之間建立了聯盟，但是亨利四世又一次佔據了主動，於1405年處死了那位大主教。諾森伯蘭最後一次得到蘇格蘭人援助的叛亂在布拉姆漢姆沼澤地被擊敗，伯爵本人也被殺死(1408)。

威爾士叛亂在殖民地社會中根源更深。深受瘟疫折磨的苦難經歷、那些一心想要維持自己收入的外來地主的壓迫、一種對懷有雄心壯志的威爾士人關上機會大門的傾向、甚至對於理查二世被推翻的怨恨，這些因素結合在一起，使威爾士人揭竿而起(1400)。各種不同的叛亂動機和威爾士社會的分裂意味着這並不是一次純粹民族主義和愛國主義的起義。然而這是亨利四世所要面對的有着最嚴重威脅和最高昂代價的鎮壓行動。歐文‧格林杜爾從他在威爾士東北部的莊園出發，摧毀了所有的城堡和英格蘭移民所居住的城鎮。他和他的遊擊部隊利用山區的地形來騷擾和拖垮敵人，然後消失「在岩石間和洞穴裏」。他們所獲得的成功可以從叛亂的持續時間之長、沒有決戰和皇家軍隊遠征無功而返等方面來衡量。格林杜爾偶爾可以集合起一支 8,000 人的軍隊，他還從法蘭西(1403)，以及蘇格蘭和愛爾蘭的「凱爾特人」同胞們(1401)那兒尋求援助。在於1404年和1405年舉行的「議會」上，

他制訂了一個關於獨立威爾士的宏大計劃，這個國家擁有它自己的教會組織和大學(這些目標要等四個世紀之後才得以實現)，他與珀西家族之間的聯盟是打算作為肢解亨利四世所統治王國的一支序曲的。

由國王和他長子亨利王子率領的英軍發動了好幾次威爾士戰役(1400-1405)，這些戰役所採取的戰略與英法戰爭中的戰略頗為相似——鉗形運動戰、毀滅性的騎兵侵襲，以及水陸並進的協同後勤供應。最沉重的戰爭負擔經常落在邊境地區的各郡縣以及中西部等地區，因為英軍不斷地從這些地區招募士兵赴威爾士服役。這些軍隊的人數相當多——在4,000人以上——相比之下，派往法蘭西的英軍人數很少會超過5,000-6,000人。但是在威爾士服役沒有在草木更為茂盛的法蘭西服役那樣的吸引力；英國政府很難籌集足夠的現錢來支付士兵和守軍的軍餉。1403年9月，亨利四世被告知「你將找不到一個願意在你所說那個國家停留的鄉紳」。

總的來說，在威爾士北部和西部比較安全的歐文在人力、後勤補給和金錢上也有他自己的困難，1405年他向伍斯特進軍的失敗使他的光環逐漸消退。當詹姆斯一世被英軍捕獲(1406)時，他失去了蘇格蘭人的同盟軍；1407年，又簽訂了一個英法停戰協議。到了1408年，亨利四世所遇到的最大危險已經過去：通過毅力、果斷和隨時奔赴沙場的決心，亨利四世追擊敵

人，將他們橫掃出英格蘭、威爾士和愛丁堡以北，並且將他們統統打敗。通過調解，他在沒有放棄任何重要王權的情況下得到了議會的支持，而且他的四個兒子，亨利、托馬斯(Thomas)、約翰(John)和漢弗萊(Humphrey)，均在戰爭中逐漸成熟，成為一筆寶貴的財富。當他於1413年去世之後，對他的王朝構成進一步威脅的情況只發生過兩次。第二年，當某些侍臣的反教權主義變成了異端邪說時，亨利五世甚至毫不猶豫地將自己的老朋友約翰·奧爾德卡斯爾爵士(Sir John Oldcastle)判了刑。1450年之前的最後一次叛亂跟1399年的篡奪王位有着直接聯繫——即1415年由馬奇伯爵的支持者所發動的——它是在國王哈爾[1]率軍前往法國之前被鎮壓的。亨利四世在奠定王朝堅實的基礎方面可謂取得了相當大的成功。在德意志、斯堪的納維亞、布列塔尼和勃艮第佛蘭德的聯盟關係使他獲取了廣泛的國際承認。

亨利五世和英法戰爭

亨利五世所繼承的王國足夠和平、忠誠和團結，使他能夠從1415年起對法國發動大規模的戰爭並且在其後七年中有一半的時間在國外度過。亨利五世在作為威爾士親王時就有了指揮作戰和治理國家的經驗，

1　即亨利五世，「哈爾」(Hal)是亨利的昵稱。

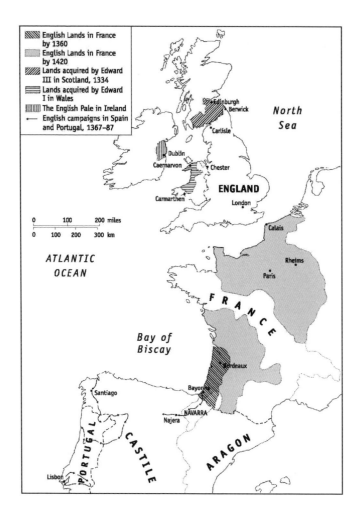

Legend:
- English Lands in France by 1360
- English Lands in France by 1420
- Lands acquired by Edward III in Scotland, 1334
- Lands acquired by Edward I in Wales
- The English Pale in Ireland
- ← English campaigns in Spain and Portugal, 1367–87

North Sea

Edinburgh
Berwick
Carlisle
Dublin
Caernarvon
Chester
Carmarthen
ENGLAND
London
Calais
Rheims
Paris

0   100   200 miles
0 100 200 300 km

ATLANTIC OCEAN

F R A N C E

Bay of Biscay

Bordeaux
Bayonne
NAVARRA
Najera
Santiago

P O R T U G A L
C A S T I L E
A R A G O N

Lisbon

地圖4　中世紀後期英國在西歐所採取的軍事行動

被證明是一個能幹、無畏和專制的君王，他放棄了父親那種小心謹慎的處世方式。就連他身在法國的時候，他在國內的王權也是穩固和積極的，這使他能夠打一場如愛德華三世早期戰役那樣深得人心的戰爭。他對英國的統治是蘭開斯特王朝的巔峰。

亨利是通過與殘存的理查二世支持者達成調停以及與外國重修同盟的形式來進行備戰的。法國國王發瘋和貴族爭吵不休的形勢鼓勵了他征服的夢想。到了1415年，他感到可以對超出愛德華三世想像的領土提出主權要求，甚至像愛德華三世那樣，要求繼承法國的王位。亨利的野心恰好符合他的臣民們的期望。於是在熱心的權貴和騎士們的領導下開始了大批軍隊的組建工作；整個王國經常投票表決以徵收高額的賦稅，國王也得以公開解釋他的目標，以贏得人民的支持。他甚至組建了一支海軍以主宰英吉利海峽。在他去世之前，這種熱情一直沒有消退，儘管議會的下院對於最終征服法國給英國帶來的後果表達了同樣的不安（1420），就像他們的前任在愛德華三世時所做的那樣。

亨利五世的戰略就是愛德華三世的戰略——跟法國的貴族形成同盟，從他們的分歧中獲利，推行他建立自己王朝的主張。在整個戰爭中，勃艮第的支持對於英國所取得的勝利至關重要。然而，侵略者的目標很快就擴展到了進行前所未有規模的征服以及殖民運動。1415年的遠征只是試了一下水，而阿讓庫爾戰役

的勝利驗證了傳統的英國戰術。因此，在1417–1420年間，亨利五世着手征服諾曼底，此地與鄰近的省份一起，成為亨利五世統治時期和他死後這段時間的主要戰場。他跟查理六世(Charles VI)簽訂的《特魯瓦條約》(1420)，使他成為了法蘭西攝政，並取代皇太子成為了瓦盧瓦王位的繼承人。這個非同尋常的條約在歷經幾代人的時間內支配了英法關係。雖然亨利五世從沒有成為法蘭西國王(他於1422年死於查理六世之前)，但他尚在繈褓的兒子，英格蘭的亨利六世，或者對親英的法國人來説，法蘭西的亨利二世，繼承了雙重的王位。他需要不斷地努力，才能夠勉強維持這個地位。

在1417–1429年間，亨利五世和他的弟弟、繼任駐法英軍指揮官的貝德福德公爵約翰，將諾曼底的邊界向東和向南推進，並且接連在阿讓庫爾(1415)、克拉旺(1423)和韋爾訥伊(1424)等地成功地擊敗了法軍。這些是英軍 在法國最輝煌的時刻。在貝德福德領導下，英軍尋求一種「堅定和安撫相結合的建設性平衡」，以便使其在被征服的土地上和(往南在安茹和曼恩的)進一步戰役中能夠就地 解決各自的費用問題。但是由聖女貞德(Joan of Arc)所 發動的法國人起義和查理七世(Charles VII)在蘭斯的加冕(1429)挫敗了這個計劃，英軍在帕泰打了敗仗之後，進軍步伐受阻。從那以後，處於外國人統治下的諾曼人變得焦躁不安，

英國的布列塔尼和勃艮第同盟者也動搖起來，英國議會不得不為在法國北部進行的戰爭尋找更多的軍費，因為那兒的衛戍部隊和野戰軍正在變成一個沉重的負擔。英國人不僅落入了一個軍事陷阱，同時也落入了一個財政陷阱——而且沒有了亨利五世的天才來指引他們。

亨利六世和尋求和平

在15世紀30年代，尋求和平成為了一件更為緊迫的事情，對英國來説尤為如此。阿拉斯會議（1435）和格拉沃利訥的協商（1439）並沒有取得甚麼結果，主要是由於英國人在對和平的渴求度和作出重大讓步的利弊上存在着意見分歧。但是查理七世時運的恢復、為保衛蘭開斯特王朝統治下的法國的英軍遠征軍費的不斷增長、貝德福德於1435年的去世、尤其是勃艮第的變節，這些都是決定性的因素。英國政府釋放了自從阿讓庫爾戰役以來一直囚禁在英國的奧爾良公爵，以便能促進與他同輩的那些法蘭西親王之間的和平（1440），但是他並沒能成功地做到這一點。1445年，亨利六世與法國王后的侄女安茹的瑪格麗特（Margaret of Anjou）結婚，但即使是這樣也只促成了一個停火協議，當時提出來的兩國國王之間的會晤始終沒有發生。最後，亨利六世答應歸還在曼恩的得來不易的領

地，以顯示他個人渴望和平的誠意。此事並沒有得到他臣民的支持——尤其是那些在法國有領地、並在打仗時衝鋒陷陣的權貴和鄉紳們——這導致了被激怒的法國人於1449年對諾曼底發起攻擊。法軍在大炮的支持下所發動的進攻大獲全勝，使得英國人在魯昂和福爾米尼一敗塗地，並很快於1450年8月底撤出了這個公國。「……從未有這麼大的一個國家在這麼短的時間內就被征服，而且給人民和士兵造成的傷亡這麼小。不僅被打死的人很少，而且對鄉間的毀壞程度也不大，」一位法國編年史家這樣報道說。

在亨利五世和亨利六世的統治下很少發生大規模軍事衝突的加斯科涅，遭到了大勝的法國軍隊的入侵。法國於1453年7月17日在卡斯蒂永打了勝仗之後，英國人在西南部的領地全部喪失。這是最具毀壞力的一個打擊：加斯科涅自從12世紀以來一直是英國的領地，長期以來與法國西南部建立起來的葡萄酒和棉布貿易受到了沉重的打擊。對於亨利五世的「帝國」來說，現在只有加來還在英國人手裏。被打敗和理想破滅的士兵們回到英國之後，都認為聲名狼藉的蘭開斯特王朝政府應該為他們的狼狽境地和亨利五世贏來的戰果得而復失一事負責。在國內，亨利六世面對着失敗所帶來的後果。

在卡斯蒂永戰役之後的三周之內，亨利六世的一場大病造成了他精神和身體的崩潰，而且這場病持續

了17個月，也許他再也沒能從這場病中完全康復。法蘭西王國的喪失(亨利六世是唯一在法國加冕的英國國王)也許是造成他崩潰的直接原因，儘管在1453年，他統治的其他方面也出現了令人十分擔憂的問題。亨利六世最信賴的那些人，尤其是薩福克公爵(the duke of Suffolk, 1450年被謀殺)和薩默塞特公爵(the duke of Somerset, 1455年在聖奧爾本斯戰死)，被證明辜負了他的信任，並遭到了廣泛的憎恨。那些得不到國王恩寵的人——包括約克公爵理查、內維爾家族在索爾茲伯里和沃里克的伯爵們——心懷不滿和嫉恨，他們試圖改善自己財富的努力受到了國王和王室的阻撓。亨利六世的政府瀕臨破產，它在邊遠地區以及威爾士和愛爾蘭的權威正在逐漸陷於癱瘓。1450年夏天，英國爆發了自從1381年以來的首次民眾暴動，其領袖是默默無聞但又才華橫溢的約翰·凱德(John Cade)，暴動者佔領了倫敦好幾天，並且譴責了國王的大臣們。國王對於英國所處的困境無疑負有重大的個人責任。

玫瑰戰爭

亨利六世是一位心地善良的人，他對教育和宗教具有值得讚賞的抱負；他尋求與法國的和平，並希望獎賞他的朋友和僕人們。但是沒有一位中世紀的國王能夠單憑良好的願望來治理好他的國家。此外，亨利

六世還是一位浪費、隨心所欲的人，對人和政策缺乏精明和穩妥的判斷力。他才思敏捷，受過良好的教育，但卻缺乏作為一個國王的經驗，並且從未擺脫年輕人的那種對別人的依賴性，這一點不可避免地是他長期作為一名未成年國王（1422-1436）的最顯著特徵。誠然，他的許多問題是不可避免的。由他父親所創立的雙重君權與愛德華三世和亨利五世等主要作為軍事征服者的身份相比較，提出了更為繁重和更為複雜的要求。他的未成年時期是一個由權貴們進行統治的時期，而他們所獲得的各種既得利益在國王成年之後是不會輕易放棄的——尤其是他的叔叔，格洛斯特公爵漢弗萊，以及他的叔祖，溫切斯特的紅衣主教亨利·博福特（Henry Beaufort）。此外，在格洛斯特於1447年去世之後，亨利六世成為了亨利四世長子長孫這一脈唯一的後代，這一事實導致他不信任約克公爵，即1399年沒能當上國王的馬奇伯爵的繼承人。於是，在蘭開斯特王朝統治的後期就有了很多令人幻想破滅的理由，而約克公爵理查也就成為了一名潛在的反對派領袖。

儘管國王身患疾病，他那位性格暴躁的王后於1453年生下的一個兒子無疑鞏固了蘭開斯特王朝的統治，但是它並沒有改善王國或約克公爵理查的近期前景。作為英國首屈一指的公爵和亨利六世的堂兄弟，約克在國王重病期間（1454-1455，1455-1456）曾兩

次被任命為英國的攝政王。但正由於權高位重，他激起了王后深深的敵意。在布洛爾荒野和勒德福德橋上的「戰鬥」（1459年9–10月），以及隨後在考文垂召開的，使約克公爵、內維爾家族，以及他們的支持者們受到懲處的議會上，王后的敵意終於爆發出來。這種由一個政權來疏遠一群掌握權力的大臣的做法在國內外留下了一個災難性的記錄，它最終導致約克公爵於1460年10月提出了繼承王位的要求。公爵不久之後在韋克菲爾德去世，但他的兒子愛德華在沃里克伯爵的幫助下於1461年3月4日奪取了王位。在自從15世紀50年代以來就已經逐漸成熟的條件下，俗稱玫瑰戰爭的王朝之戰正式拉開了帷幕。

這位新的約克王朝的君王愛德華四世處在了一個極為不利的條件之下：被廢黜的國王、王后和王子仍然在逃。這樣，他們就為吸引追隨者以及蘇格蘭和法國的同情者們提供了一個明確的對象，而亨利六世的境外同情者們正巴不得有機會來使一個尚未站穩腳跟的英國政權陷入困境。當亨利六世在英國北部被捕（1465）之後，愛德華四世才算是鬆了一口氣，儘管當時前國王被囚禁在倫敦塔內，而他的王后和兒子則是在蘇格蘭，隨後又到法國避難。更為嚴重的是，愛德華四世並沒有得到英國權貴及其扈從們的廣泛支持。此外，在15世紀60年代後期，他逐漸疏遠了那位權力很大的「國王擁立者」沃里克，而沃里克就像1399年

以後的諾森伯蘭公爵那樣，開始對愛德華四世越來越強的獨立性感到不滿。愛德華還被他那位不負責任的弟弟克拉倫斯公爵喬治(George, duke of Clarence)所拋棄。

這些不同的因素加在一起，便構成了1469年暴亂的陰謀。在法國國王路易十一(Louis XI of France)的鼓勵之下，愛德華四世與流亡的蘭開斯特王后瑪格麗特於1470年7月簽訂了一個令人不安的協議。沃里克、克拉倫斯、蘭開斯特家族的支持者和持不同政見的約克家族成員都回到了英國，這種局面迫使愛德華四世逃到了他的同盟者勃艮第公爵那兒。於是人們又把亨利六世重新推上了王位，使其成為第一位兩次單獨統治整個王國的英國國王(1422-1461，1470-1471)。當亨利的議會於1470年11月召開時，大法官特意把下面這句話當作他開幕詞的開場白，其訴諸的對象實際上已經超越了議會所在地威斯敏斯特，而是針對全國民眾：「主曰：背道的孩子們，回來吧！」[2]

但是那位被廢黜的愛德華四世，正如在他之前的亨利六世一樣，仍然在逃，他可以借助勃艮第公爵的幫助組建起一支軍隊。此外，亨利六世新建立的政權也因一系列相互矛盾的忠誠和相互排斥的利益而受到了損害。就這樣，當愛德華四世於1471年3月回到英國的時候，他可以在巴尼特打敗並殺死沃里克，然後又向西進發，在蒂克斯伯里擊敗剛剛從法國歸來的蘭

2　出自《舊約‧耶利米書》第三章第12節。

開斯特王后及其王子。愛德華四世的地位終於變得極為穩固：王后瑪格麗特在蒂克斯伯里戰役之後被捕，而她的兒子則在戰鬥中被殺，就在愛德華四世勝利凱旋、回到倫敦的那天晚上(5月21日)，亨利六世死於倫敦塔，很可能是被謀殺的。蘭開斯特王族的主脈至此已喪失殆盡，而持不同政見的約克家族成員也都要麼隱退，要麼去世。克拉倫斯雖然在一個時期內與其兄弟達成了和解，但最終在1478年還是因進一步的言行失檢而被處斬。

愛德華四世在15世紀70年代所享有的相對政治穩定，使得他有機會來嘗試進行具有建設性的統治。他試圖通過與布列塔尼、勃艮第和蘇格蘭結盟，以及用沿着前輩國王的足跡遠征法國的方式來重振英國在國外的名聲。他於1475年發動的遠征幾乎以災難收場，因為他的布列塔尼和勃艮第同盟者被證明是變化無常的，但在《皮基尼條約》中，路易十一向他提供了一筆相當可觀的賠款，以讓他退兵。愛德華四世試圖重組政府財政機構的企圖與蘭開斯特王朝時期所提出的設想正好相符。假如他為了取悅於議會而宣佈自己準備在此後的統治時期不再徵收特殊的賦稅，那麼他想要獎賞朋友和吸引政治支持者的願望就意味着他不可以採用一貫的方法來增加他的歲入。他為了討好商人和倫敦市民們而親自獨立經商，並與佛蘭芒人和德意

志港口城市的漢薩同盟[3]保持良好的關係。他後期統治的穩定性尤其有賴於極為能幹和忠誠的政府官員，他們所付出的辛勤勞動在很大程度上維持了政策的連貫性。

那麼，玫瑰戰爭究竟為甚麼還沒有結束，為甚麼後代們不知道一個都鐸王朝只存在於威爾士北部的鄉紳階層之中？約克家族的成員們在1483–1485年間成為了個人君主制所要面對的兩樣最常見的危險的犧牲品：一個未成年君王和一個殘酷無情、野心勃勃的皇親國戚。當愛德華四世於1483年4月9日去世的時候，他的兒子和繼承人愛德華（Edward）才12歲。他的未成年監護期並不需要很長，而且無論如何，英國在此前已經有過未成年國王的情況，且並沒有引起太大的麻煩。但是自從15世紀50年代以來，英國的政治行為每況愈下，愛德華四世、沃里克和克拉倫斯等人的反復無常、殘酷無情和違法行徑使得愛德華五世的登基顯得特別危機四伏。愛德華、克拉倫斯和格洛斯特等約克家族的兄弟們在約克王朝短暫的在位期間似乎無法擺脫貴族的態度而承擔起家族王朝的義務。愛德華所依靠的是一些權貴們，他們大多數都跟他自己或他妻子的伍德維爾家族（the Woodville family）有關聯，以此來擴展他在英國的權威：格洛斯特在北部，伍德維爾家族在威爾士，黑斯廷斯勳爵（Lord Hastings）在中部地

3　漢薩同盟（Hanse League）是德意志北部港口城市為了維護相互間商業貿易利益而建立的一個行會組織。

區。愛德華在世期間，這一關係網運行正常，但是在1483年這種依靠一個具有排外性的小集團的做法出現了危險。相互不信任，尤其是格洛斯特與伍德維爾家族成員之間的相互不信任，損害了統治集團成員的利益，而處於統治集團以外的那些人——其中包括在英國北部根基深厚的珀西家族，在威爾士和英國中西部的白金漢公爵——則看到他們的機會來了。

在這種環境下，約克家族唯一存留下來的長兄，即30歲的格洛斯特公爵理查的個性和野心致使他陰謀奪取他年幼侄子的王冠。他於6月26日篡奪了王位，囚禁（而且也許謀殺）了愛德華五世和他弟弟「這對倫敦塔裏的王子」，並且處死了王后的兄弟和黑斯廷斯勳爵。他對於繼承王位傳統規則的唯一讓步就是他肆無忌憚地宣稱：愛德華四世和他的兒子們是雜種；他對克拉倫斯的孩子們不屑一顧。理查三世的行動和方法導致了王朝戰爭的復活。1483年10月，白金漢公爵，其父親是愛德華三世的第五個兒子托馬斯，發動了叛亂。更為成功的是亨利·都鐸於1485年8月從法國歸來時的登陸，儘管他是通過母親的家族那條線對王位提出了要求，而他母親的家族代表了愛德華三世的兒子約翰的私生子博福特那條支脈怎麼説都有點牽強。然而，1485年8月22日，他在博斯沃思原野戰役中打敗並殺死了理查三世。至此，理查這條王室血脈似乎已經中斷：他的王后和唯一的兒子均已死亡。

圖14 國王理查三世，約克公爵理查與塞西莉·內維爾（Cecily Neville）的第三個兒子；1472年與安妮·內維爾（Anne Neville）結婚；1483年篡奪了王位，並在博斯沃思被殺。這張圖是他的一幅年代較早的肖像畫（約 1512–1520），可能依據了他本人所處時代的一幅畫像。

有一些因素使得亨利七世能在博斯沃思原野戰役之後保持他的王冠。在15世紀的篡奪王位者中，只有他幸運地在戰鬥中殺死了沒有留下後代的前任國王。那些幻想破滅的約克家族成員對他的支持是至關重要的，尤其是愛德華四世的王后給予他的支持。還有，英國的權貴們對戰爭已經感到厭倦：他們隊伍中的人數越來越少，在有些情況下，他們的領地權力或是受到削弱，或是完全被毀。其結果就是想要推翻亨利七世的企圖在英國得到的支持很少，而約克家族的覬覦王位者（如1487年的蘭伯特‧西姆內爾[Lambert Simnel]）無法令人信服。1455–1485年間真正的戰爭時間加起來只有15個月左右，而其涉及到的軍隊人數也不是很大；但是一次戰鬥的重要性並不需要與參加的人數或造成的傷亡人數有關。玫瑰戰爭幾乎毀滅了英國君主世襲制度的基礎，而亨利‧都鐸奪取王冠一事也很難說是加強了這種世襲制度。亨利聲稱自己是蘭開斯特家族和約克家族的代表和繼承人，但是實際上，他是通過自己的努力才成為國王並決心一直把國王當下去的。

第八章
走向民族統一

皇家行政機構和議會

英國國王在自己的王國中享有也許會令法國君王欽羨的主宰地位，而王冠體現了英國的統一。戴王冠者不同於其他人。加冕儀式強調了國王君權神授的特質，而國王的觸摸具有治癒皮膚病瘰癧之功效的傳說似乎證實了這種特質。理查二世堅持所有來見他的人都必須屈膝，而「陛下」在15世紀成為了對國王的一種通行的稱呼。

皇家行政機構的觸角 —— 即那些使國王的決定、賦稅的允准和法律的公告得以執行的機構 —— 伸向不列顛群島每個方向的最末端，只有北部和西部除外。德拉姆主教和切斯特伯爵的管轄權勢在英國的郡縣制度之外，具有一種特殊的獨立性。但這絕不意味着它們並不在國王政府的管轄範圍之內：德拉姆的主教人選幾乎總是由國王親自決定的，而且他們就像安東尼‧貝克(Anthony Bek, 1311年去世)和托馬斯‧蘭利(Thomas Langley, 1437年去世)那樣，經常擔任皇家的顧

間；而自從1301年之後，切斯特伯爵同時也是威爾士親王和國王的長子，而且在中世紀後期的大部分時間內，柴郡的行政管理都是由國王親自負責，因為切斯特伯爵均未成年。

國王的行政管理是一種合作的產物。在每一個郡縣中，郡長和更為新穎的治安法官在貴族和鄉紳的幫助下才能發揮其最佳功能。這兩者的利益也是跟君王緊密聯繫在一起的，因為國王是王國中的財富和恩典的唯一來源。議會下院的代表來自卡萊爾和康沃爾郡之間，以及什魯斯伯里與薩福克郡之間的每個郡縣和城鎮，在中世紀晚期的政府中擔當着一個重要的角色。到了愛德華一世的統治時期，戰爭和國內的動盪增加了國王跟臣民們（同時代人將其稱之為「王國社區」）進行商議的需求，並就如何作出並執行影響整個王國的決定而徵求他們的意見。另一件似乎同樣明智的事情就是每隔一段時間，召集地方上的代表，以及世俗和教會的權貴們，集中舉行一次大會，即議會。想要向除貴族之外的市民和小地主索取財富的願望、在戰爭和政治危機中獲得物質援助和口頭支持的需求，以及在法律、經濟和社會安排中有爭議或新出現的變化的背後有一個代表大會來進行表決的可取性——所有這些因素加在一起就使得議會有經常召開的必要（1327–1437年間，議會每年召開一次），有明確的功能和既定的程序，且自1337年起下院的代表成為

了一種永久性的角色。這一機構在中世紀歐洲的議會中是獨一無二的，它既討論國家大事，也討論個人小事。它贏得了向英國人徵稅的壟斷權，是全國的最高法院，而且它通過立法來制定新的法律和修改現存的法律。甚至連下院的代表們也為自己贏得了特權，其中包括在參加議會期間具有言論自由和免遭拘捕的豁免權。它仍然主要是一個由國王控制的政府工具，但是它有時也可以批評國王的政策和他手下的大臣（如像14世紀的70、80年代和15世紀的40年代那樣），儘管議會幾乎從不批評國王本人。當使得議會成立並鼓勵它發展的實際需要消失之後，議會召開的次數就不那麼頻繁了：從百年戰爭結束的1453年至1509年之間，議會平均每三年召開一次。

交流、宣傳和政府

下院的代表們在回到他們的選區之前還會收到信息通報，會有人向他們獻殷勤，並試圖說服他們。有相當數量的選民渴望得到有關國家事務的信息。說到底，是他們在支付賦稅，在戰爭和國防中服役，並按國王要求合作和服從。因此，政府必須仔細權衡它所要傳遞給全國人民的新聞，以及希望國王的臣民們接受的輿論觀點。為達到這個目的，有一套很完善的交流和宣傳方法。官方聲明的開場白總是能夠使一項政

策深入人心或向人們證明一種做法的正當性：愛德華四世聲討被廢黜國王亨利六世的王后瑪格麗特的那張公告詳細回憶了被亨利六世的祖父所處決並且此後被戴上了殉教光環的約克大主教斯克羅普的生平事蹟。這是一種巧妙的宣傳，以喚起人們對蘭開斯特王朝的反對，因為這樣的公告要被送往每一個郡，並在各地公開宣讀和張貼。歌曲和民謠也能贏得廣泛的聽眾，有些官方授意的作品把阿讓庫爾的輝煌勝利吹捧得簡直天花亂墜。佈道文在左右輿論和爭取支持方面也相當有效：1443年，亨利六世將能說善辯和善於激勵人心的牧師派往每一個主教區，以便他們能從佈道壇上響應國王為下一次遠征法國的戰役而募捐的號召。加冕儀式、皇家巡行，以及國王或王后進入約克、布里斯托爾、格洛斯特(以及倫敦)等地的正規儀式等，都是集神話、基督教和愛國主義為一體，用華麗而鋪張的場面來進行官方宣傳的機會。1417年，亨利五世在倫敦的凱旋招待會上被公開描繪成一個從對法國的聖戰中歸來的基督的戰士。假如任何公民對於他侵略法國的正義性尚存有一絲懷疑的話，這次招待會就是專門用來消除這種懷疑的。

通過信件的流通來告知、說服和辯護是前印刷時代最接近於出版活動的行為；這樣的信件很快就出現在通俗的編年史中。亨利五世就是用這種方法向他的臣民們報告他在法國戰役的進展。就連當時喜歡時髦

的作家們也成為了官方的宣傳家。在15世紀，作者們很少是在未經請求的情況下就創作他們的作品的。托馬斯·霍克利夫（Thomas Hoccleve）當時是一位卑微的政府小職員，他在接受了亨利五世的報酬之後創作了歌頌阿讓庫爾戰役和英軍圍困魯昂的詩歌（1419）。約翰·利德蓋特（John Lydgate）曾長期受到亨利六世及其王室的贊助，他往民眾的心目中灌輸了從1436年英軍在加來成功抵禦勃艮第軍隊攻擊這件事中所能榨取出來的所有沙文主義。

國王、王室和大臣們 —— 這些交流渠道的主要利用者 —— 最常住的地方就是威斯敏斯特、倫敦或溫莎城堡。英國君主制的神龕就是威斯敏斯特教堂，議會通常也是在威斯敏斯特召開的（1339–1371年間，以及1459年之後的所有議會都是如此）。政府的各個部門逐漸在威斯敏斯特或倫敦這個全國最大和最富有的城市設立了永久性的辦公處。在中世紀晚期，倫敦毋容置疑地在每一個方面都成為了整個王國的首都，只有教會除外（坎特伯雷仍然是全英首主教的所在地）。與威斯敏斯特和位於兩者之間、正在發展的河岸郊區一起，倫敦成為了全王國行政、商業、文化和社會的中心。在中世紀晚期，尤其是在戰爭時期，政府的廣度、複雜性和節奏性都得以增加或增強：徵收和管理正常的賦稅，召開頻繁的議會會議，海關服務得到了發展，戰爭和國防的實際事務得以組織，全王國的法

律和秩序有人監督。其結果就是一個集權的、合作的和固定的政府。當14世紀的頭三分之一時間裏英國跟蘇格蘭之間曠日持久的戰爭被更受人關注的英法戰爭所代替的時候，約克失去了它作為一個可與倫敦競爭的中心城市的地位。此外，愛德華三世和亨利五世因國外的戰役而長期不在國內的情況越發加強了成立一個沒有國王本人參加也可以運作的、固定和集權的政府大本營的趨勢。1339–1341年間的危機使得愛德華三世意識到，他再也不能像愛德華一世及其前任國王們那樣把政府機構帶在身邊了。到了1340年，財政部就已經回到了威斯敏斯特，而且從此再沒離開過。國王的大法官法庭、財政部和法庭等官僚機構在首都得以發展，並且就像一群野心勃勃的小地主那樣，向周邊的郡縣擴展。在倫敦城裏或附近買了客棧或住宅的權貴、主教和修道院長們，以及倫敦居民的姓氏和他們所說的語言告訴我們，有許多地位更為卑微的人們也從王國的各個角落，以及從威爾士和愛爾蘭移民到了這個首都。

趨於英國化的教會

英格蘭教會的英國化特點是它在中世紀晚期第二個最為重要和經久不變的特質。它的首要特質就是它與其他拉丁語教會所分享的天主教信仰和教義。但是

人們廣泛接受如下事實，即以羅馬教皇為首領和精神教父的整個基督教會，是一個由眾多個體教會組成的大家庭，其中每一個教會都有自己的特點和自主權。作為英國民族性在教會層面的表現，英格蘭教會的英國化特徵在中世紀晚期變得更加突出。部分原因是由於英語語言和英國人民的獨特經驗，而更多的則是由英國的法律和習慣——即英國人（包括教士們）生活在其中、而且國王在加冕儀式上發誓要維持的社會體系所造成的。此外，英國教會，包括它的建築，也是在英國國王、貴族、鄉紳和市民的鼓勵和贊助下建立起來的。這使得他們對各教堂及其教士們懷有個人或家族的興趣。主教們是大地主——溫切斯特主教在15世紀中期每年有3,900英鎊的歲入——他們都是議會的成員，同時又是國王的顧問。他們，以及比他們職位更低的下級，通常會因為受到國王的信任或是對國王有用而得到晉升，並且能夠在教會內部得到獎賞，而不需要財政部掏錢。於是我們便有很好的理由來解釋為甚麼英國人應該控制英國教會，並且塑造它的特點，培養它的人員。在跟法國人打仗期間，這件事似乎顯得更為緊迫。1307年以及其後經常發生的情況是，教皇在英國教會的組織和行政管理上，甚至在指派主教的問題上所扮演的角色，都受到了拼命的抵制。畢竟，14世紀的大多數教皇都出生於法國。1308–1378年間，他們都住在阿維尼翁，在那兒他們有成為法國

人叭兒狗的危險（人們當時就是這麼廣泛認為的）。與其形成對比的是，只有一個教皇是英國人（12世紀中期），而且從未有一位教皇訪問過英國 —— 直到1982年才有教皇這麼做。

教會英國化的趨向可以用幾種不同的方法來加以說明。基於早期教父法典、並得到教皇立法機構補充的教會法一般會被英國教會的法庭所接受和執行，教皇在教會事務中的最後裁決權也得到了承認。但是在實際運用中，教會法受到了皇家權威的限制，尤其是當被控犯罪的教士試圖要求獲得「神職人員免受普通法庭審判的特權」時。從愛德華一世的統治時期起，教皇向英國教士們徵收賦稅的能力便受到了嚴厲的限制，而大部分教皇的賦稅進入了英國國王的錢櫃，而不是像許多人所相信的那樣，用來為敵人的戰爭行為加油。更為嚴重的是，自從14世紀中期起，以及在教會大分裂期間（1378–1417，當時出現了兩個教皇，甚至三個，他們都同時要求教民們歸順），英國對教皇指定英國教會中主教和其他重要成員的權力進行了限制，英國所支持的教皇根本沒有能力來抵禦這種限制。反教皇的《禁外國人任聖職法》（1351, 1390年重新發佈）和《禁尊教宗法》（*Praemunire*, 1353, 1393年得以擴充）被英國的國王們用來迫使教皇作出妥協，因為這些文件規定，國王擁有提名神職人員的權力。其結果就是在15世紀，很少有外國人被指定在英國教會中

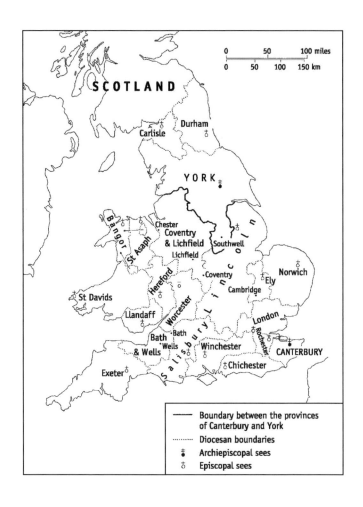

地圖5　宗教改革前的英格蘭和威爾士教區圖（13世紀）

任職，至於亨利七世任命三位意大利人為主教一事，是獲得了政府的特別批准的。

在英國很少有教士對這種情況提出抗議。主教們沒有這樣做是因為他們都是英國人，而且他們都是首先由國王提名的。教會沒有集體這麼做是因為它害怕教皇的徵稅。教士們沒有這麼做是因為英國國王們是反對異端邪說的信仰保護者，以及抵禦反教權主義攻擊的中流砥柱。1433年，就連聖奧爾本斯修道院院長都可以宣稱：「在王國境內，沒有任何人的地位可以高於國王。」

虔敬作品和羅拉德派教義

中世紀晚期，在主流的英國教會機構之外有兩種表達宗教熱忱的方式具有鮮明的英國特徵：在禮拜方式上是嚴格遵循正統神學的，而由約翰·威克利夫（John Wycliffe）發起的羅拉德派運動則屬異端邪說的性質。14世紀見證了人們對於神秘和虔敬的作品興趣漸增，其中大部分這類英語作品創作於14世紀的後半期，而它們的受眾是正在不斷增長的文化階層。這些讀者將教會的教誨和做法視為理所當然，但他們更喜歡一種個人的和憑直覺的虔敬禮拜，其對象主要集中在《黃金傳說》[1]中所收集的基督受難和升天、聖母

1　《黃金傳說》（*Aurea Legenda*）是由熱那亞大主教沃拉吉納的雅閣於

馬利亞和聖徒生平傳記等故事上。這些作者往往是離群索居的人物，他們向讀者推薦一種冥思的生活方式。這類書中最流行的要數約克郡一位隱士理查·羅爾（Richard Rolle）的作品，以及後來另一位女隱士，諾里奇的朱莉安娜夫人（Dame Juliane of Norwich）的作品。《瑪傑麗·肯普之書》是林恩一位自由民妻子的精神自傳，它展示了世俗男女們所追求的美德，以及他們在獲得這些美德的過程中所經歷的啟示、幻覺和狂喜。像蘭開斯特公爵亨利（Henry，他於1354年用法語寫了一部有關他自己生平虔敬的作品）這樣的俗人和像亨利七世的母親，瑪格麗特·博福特夫人（Margaret Beaufort）這樣的虔敬女子，都轉向了這種強烈的精神生活，以示他們不屑於學者們枯燥無味的神學討論，儘管他們並沒有與離經叛道的羅拉德派同流合污，但是兩者的精神根基不乏相同之處。

羅拉德派（也許這個名稱來自lollaer，即有口無心的祈禱者）是唯一席捲了整個中世紀英國的重大異端邪說運動，威克利夫是中世紀異端邪說史上唯一的大學知識分子，他發起了一場民眾參與的異端邪說運動來反對教會。這種異端邪說主要是一種通過書和閱讀積累起來的英國本土思想體系。雖然威克利夫不太可

1275年編纂的一部拉丁語巨作，內容是基督和聖母在世的事蹟和聖徒生平傳記，在中世紀影響很大。1483年，威廉·卡克斯頓（William Caxton）將它譯成了英語，並且在倫敦刊印出版。

能用英文寫作，但他確實給一系列辯論文章，以及於1396年首次全部譯成英文的聖經提供了靈感。首先他訴諸當時反教權主義的情緒，通過批評教會的財富以及眾多卑鄙無恥的教士們而出了名，並在貴族、侍臣和學者中獲得了支持。然而他越來越激進的神學思想，以及對《聖經》過分的信任，導致了人們對他的譴責和他被迫離開牛津大學。當他不得不面對亨利四世嚴格的正統觀念(1401年他有關火刑的命令在鎮壓持異端邪說者的武器庫裏又增添了一件法寶)時，他逐步失去了從那些有影響力的人那兒所贏得的同情；當羅拉德派跟約翰·奧爾德卡斯爾爵士的反叛扯上了關係之後，這種同情便幾乎喪失殆盡了。在被剝奪了思想源泉和有權勢的保護者之後，羅拉德派變成了一個由威爾士邊境地區和英格蘭中部工業城市的工匠、手工藝人和窮教士們所參加的一場支離破碎、缺乏組織，但又頑固不化的運動。他們的信仰變得越來越差異懸殊和古怪，然而對教會當局的基本敵意，對《聖經》的全身心投入，以及他們對英語《聖經》的信任，所有這些都預示了宗教改革，並將成為後來英國新教的核心信念。

識字的普及與英語

　　識字的普及和使用英語的人越來越多是14世紀後

期和15世紀的兩個相對應的發展。它們表明英國人對公共事務的關注意識不斷增強，也反映了愛國主義和民族性的情緒。

相信這個論點顯然要比詳細地論證它要容易得多。對於當時人們識字程度的普及究竟有多麼迅速，同時代人並沒有留下任何估量性的文字；我們也不可能用那些不懂數學的同時代人所提供的資料來對它進行量化。假如我們把1351和1499年定義「教士特典」（當時的識字階層）的法令作一個比較的話，就可以得到一個大致的有關識字階層人數增長的指數。1351年的法令裏宣稱，所有能夠閱讀的俗人也應該享有「教士特典」。150年後形勢發生巨變，以至於在法令中必須把世俗的學者跟屬不同修會的教士們加以區分，只有後者才能享有「教士特典」。也許識字的階層已經擴展到了使 clerical（教士的、文書的）這個形容詞失去原有意義的程度，儘管1499年的法令將作出這種改變的原因歸結為防止「濫用」這種特權，而非識字階層得到了擴展。

一個同樣普遍的提示可通過比較中世紀晚期的兩次民眾起義——1381年的農民起義和1450年約翰‧凱德的叛亂——而獲得。1381年，來自肯特郡和埃塞克斯郡的農民訴狀（據我們所知）是以口頭的形式呈交給理查二世的，而且在起義期間跟國王的所有其他交流似乎都是通過嘴巴來進行的。在倫敦塔裏的時

候，理查二世不得不要求叛亂者把在那以前都是向他喊出來的那些抱怨用紙寫下來，以便他能夠進一步考慮。把這一點跟1450年的叛亂作一個比較，同樣來自肯特郡和英國東南部的凱德追隨者一開始就把他們的訴狀以書面形式呈交給國王，而且還抄了好幾份，讓大家傳閱。它們都是冗長的文件，有着連貫和具有綜合性的論點，並且用英語來進行表達，有時也用口語表達方式。出版手抄本的生意在這段時間也擴展了範圍。約翰・雪利(John Shirley, 1456年去世)據說在聖保羅大教堂附近四個租來的店鋪裏做起了這種生意，並且印製了「短小的民謠、怨詩和回旋詩」，以供出售或出租。20年後，海關的進出口賬單記錄了經倫敦進口的大量手抄本——光是在1480–1481年間就進口了超過1,300本。我們可以謹慎地舉出一些數字來表明，在中世紀晚期，識字的人並不僅限於貴族、教士和政府職員。也許就跟凱德手下那些反叛分子那樣，工匠和手工藝人們現在也能閱讀和寫作。在1373年的一次法律訴訟中，28名證人裏有11個人自稱是「文人」(literatus)，即能夠理解拉丁語，因此也肯定能認英語；還有一份15世紀中期的遺囑，見證人中識字的人所佔比例與上述例子類似，他們中包括了商人、管家、裁縫和水手。無疑還有別的人，無論識字與否，人們是決不會想讓他們當證人的，但不可否認的是，我們正在逐步接近托馬斯・莫爾爵士(Sir Thomas

More）在16世紀初所作的樂觀估計，即英國人中大約有一半的人是識字的。

假如我們不能夠篤信無疑地接受這樣的數字，那麼我們至少可以來觀察一下在各行各業中工作的識字男人——識字的女子很少。他們佔據了這個國家中此前專門為教士保留的最高政治職位：從1381年開始，俗人經常成為英國的財政大臣，而擔任這個職位的一項基本條件，除了計算之外，就是閱讀和寫作。識字的俗人可以被僱用為政府的職員，詩人托馬斯·霍克利夫就曾經當了35年的文書。

顯然，到了1380年，商人們就已經開始保存書面賬單了；不久之後，鄉間的自由民就在寫——肯定會讀——私人信件了，就連在他們的小莊園裏當管家的農民也是在做行政工作，他們越來越多地接觸到在紙上或羊皮紙上寫字。在愛德華三世統治時期，有些手工藝行會的規章和制度堅持其學徒必須要達到某個識字的標準。

至少家境好的俗人的閱讀習慣也反映了同樣的情況。閱讀編年史變得越來越熱門，而且不僅僅是在倫敦；光是存世的這類編年史手抄本就成百上千，並且有證據顯示出，在15世紀時出現了越來越多這樣的編年史，其中大多數是英語的。商人和其他人開始擁有「摘記本」，把那些詩歌、預言、編年史，甚至食譜，摘抄在一個私人和微型的集子裏，以供閒暇時閱

讀。他們擁有了書籍，並且在遺囑中仔細地為它們找好繼承人——尤其是那些信教和虔敬的人。

這個識字的世界越來越成為一個英語的世界。在14世紀結束之前，說法語和懂法語（因而也會法語讀寫）的優勢已一落千丈；就連在政府和私人組織中的官方和正式事務中，英語也變成了至少跟法語使用同樣普遍的語言。議會裏的討論到了14世紀中期就已經是用英語來進行的，而第一份用英語寫成的討論記錄日期為1362年。儘管一些例子只是粗略的指南，但也值得指出，用英語寫成的第一份財產契約是在1376年，最早的英語遺囑是在1387年。坎特伯雷的教牧人員代表和主教會議的會議記錄到14世紀70年代時往往是用英語寫的，而亨利五世1399年使用英語向議會致詞，他的話被仔細地記錄了下來。引起這一悄然變革的理由很複雜，但其中有因長期的英法戰爭而造成的愛國主義情緒，使許多英語書和佈道文得以傳播的羅拉德派的流行，王室和貴族的帶頭作用，當然還有說英語的臣民在全王國事務中——尤其是在議會中——更大的參與性。這些都確立了英語作為書寫文字的最後勝利。

在這一切發生之前，還需要解決一個主要的問題：即地區方言的問題。只有這樣，英語作為一種書面文字和口頭語言的所有潛力才能夠實現。必須承認，在頭一個世紀裏，清晰流暢的英語、發音古怪的康沃爾方言、風格迥異的威爾士語，以及很難聽懂的

約克郡方言不可能完全融合為一種共同的語言；但 是已經取得了很大的進展。在15世紀前半期，政府不斷伸展的觸角對此有着很大的幫助，它發展和推廣了一種文字的使用，以作為整個王國的官方交流工具。另一個因素就是倫敦在14世紀的崛起，成為全王國確立的首都，而約克作為一個輔助性的行政中心，布里斯托爾是全國第二大商業中心，這三個城市各自發展出一種的方言，它不可避免地逐漸被其他城市的人所理解，並且逐漸融合成為一種標準的英語。這種方言主要是英國中部的英語，它超越了局限於城市的方言；由於這個原因，它更容易被鄉間各郡所採納。中部方言成為勝利者，主要是因為中部和東部地區的居民在14和15世紀大量湧入倫敦的緣故。羅拉德派也要負部分的責任，因為它在中部地區和西部鄉間尤為活躍，而它的大部分書面作品都是用中部方言的不同形式寫下來的。這種中部地區方言的口頭和書面形式通過佔領倫敦而佔領了整個王國。

傑弗里‧喬叟曾經嚴重擔憂自己的作品是否能為全英國的人民所理解 —— 而他為一個狹窄而着迷的讀者圈子寫作：

然而英語有很多種類，寫成文字也風格迥異，故我祈禱別寫錯上帝，也別因方言而念錯韻。基督所在，都要讀和唱，以免誤解，我請求上帝。

在1426年的一個法律訴訟狀中特別說明，在英國的不同地方，單詞的發音是不同的，「但它們之間沒有好壞之分」。一個半世紀以後，威廉·卡克斯頓可以更為樂觀地說，他所刊印的好幾百種書，只要仔細閱讀，各個不同郡縣的人都能看懂。他意識到，「在一個郡所說的普通英語，到了另一個郡說法就不一樣了」；但只要通過使用「不那麼粗魯和古怪的英語，而且要用經上帝恩典就能夠明白的那種說法」，這樣就沒有甚麼問題了。與此同時，使得口語和書面語更容易理解的發展狀況對於有效的交流、共同的意見表達和形成一種民族感是至關重要的。

英語已經成為了「征服者的民族語言，而非被征服者的民族語言」。英語作者的自信在喬叟身上達到了天才的高度，而且它吸引了全王國最富有和最有影響力的人——國王、貴族、鄉紳和市民們。14世紀和15世紀，抒情詩和浪漫傳奇、喜劇和悲劇、諷喻作品和戲劇等各種韻文體裁在質量和流行性上遠遠勝過英語散文。有許多詩歌作品是屬北歐詩歌傳統的，而14世紀英國西北部和中部的文學振興形式主要是沒有韻腳的頭韻詩。但它是由當地鄉紳和像博恩家族（赫里福德伯爵）和莫蒂默家族（馬奇伯爵）這樣的權貴們所贊助的，並產生了像《高文爵士和綠騎士》和《農夫皮爾斯》這樣富有想像力的作品。在同一個地區，儀式化的基督教宗教戲劇「英國奇蹟劇連臺本戲」在14世紀

也有了發展，並在約克、貝弗利、韋克菲爾德和切斯特等北部城市裏極為流行，那兒的戲劇是由城市裏的行會所組織和演出的。

與此同時，在南部和東部地區，一種新的詩歌模式正在出現，它更多地受到了法語和文藝復興早期意大利語作品中時尚風格和內容的影響。通過喬叟的筆，以及在一個較低的程度上，通過他朋友約翰·高爾(John Gower)的筆，它創造了英國文學中的傑作。這些作品在思想和詞匯的豐富性、想像力和對人性理解的深度，以及在作品的純藝術性等方面都達到了無與倫比的高度。寫於1380-1385年間的《特洛伊羅斯與克萊西達》，尤其是《坎特伯雷故事集》(寫於1386-1400年間，但從未完成)這部規模宏大、結構複雜的全景畫式的作品，決定性地拓展了英語文學的成就。它們顯示出智慧、精通世故和創新，以及對當時各種英語習語的駕輕就熟，這一切都奠定了喬叟作為最偉大的英國中世紀作家的地位。

高爾這位肯特郡人先是受到理查二世的庇護，後又投入亨利·博林布魯克的門下。喬叟出生於倫敦的商人之家，在貴族和皇家的圈子裏長大，而且他是所有時代中最受抬舉和賞賜最豐厚的詩人之一。這不僅反映出他作品那異乎尋常的優秀品質，而且也反映出那些有影響力的同時代人願意承認經他所充實的英語的應有地位。假如說喬叟的追隨者霍克利夫和利德蓋

特跟他們的老師相比尚屬二流的話，那麼這些作者從國王、王室和倫敦市所受到的庇護保證了英國首都這個基本上以英語為主的文壇有了一個光明的前途。

英國的建築

英國的建築師和建造者們有着同樣的財富資源和品味。他們對在歐洲大多數地區佔主導地位、並以圓拱尖頂為最主要特徵的哥特式風格理念進行了發展，創造了足以稱得上是具有鮮明英國特徵的建築風格。自從19世紀起，這些風格被稱作盛飾式（更準確地說，是自由流暢和曲線的風格）和垂直式（或立式的和直線的風格），而這些風格最容易從英國大教堂、大型教區教堂和學院建築的窗戶和拱形設計中辨認出來。為了使這些新建築的發展過程能夠得到精確的解釋，一般認為13世紀末西方跟埃及和波斯的穆斯林世界以及蒙古王國的頻繁外交接觸和十字軍東征把東方建築風格和技術知識傳到了西歐。作為一種新的盛飾式風格的纖細窗花格和華麗的自然主義飾物體現在了愛德華一世於13世紀90年代為埃莉諾[2]立的三個依然存世的十字架上，這是紀念王后的遺體從林肯送往威斯敏斯特下葬這一路上三個階段的標誌。東方的影響還可以

2　埃莉諾(1246–1290)是英王愛德華一世的王后，她曾經陪同國王參加了十字軍東征，並在戰爭中拯救過受傷國王的性命。

從布里斯托爾建於14世紀初的聖瑪麗‧雷德克利夫教堂的六角形北門廊和門道上看出來。這些在歐洲哥特式建築中無與倫比的、並被稱作「整個英國中世紀建築史上最傑出的創造性發揮」的繁複風格流行了半個世紀(1285–1335)以後，開始出現了一種相反的風格。這種新出現的垂直式是最具有英國特色的風格。在英國的戰爭時期，這種風格很少被歐洲大陸的人模仿。它質樸而清晰的線條和更大、更亮的空間也許首先出現在威斯敏斯特的聖斯蒂芬皇家小教堂(1834年被毀)，或在倫敦的聖保羅大教堂(1666年被焚毀)。無論如何，通過王室的影響，特別是位於格洛斯特的愛德華二世神龕的影響，它很快就傳播到了英國的西部地區。至今，人們仍然可以在建於14世紀30年代中期的格洛斯特大教堂高壇的宏大規模，以及時間更晚一些的坎特伯雷大教堂(建於1379年)和溫切斯特大教堂(建於1394年)等建築上欣賞到這種風格。此時的裝飾主要集中在拱頂建築的英國風格上，最有代表性的就是赫里福德的牧師會禮堂(現已被毀)和格洛斯特修道院等處的扇形拱頂，這兩處建築都建於1351年之後。

然而垂直式建築的最佳例子最常見於賽倫塞斯特、考文垂和赫爾等英國大教區的教堂。就連在15世紀的一段時期中抑制了很多大規模工程的瘟疫和戰爭也沒有阻止東英吉利亞和西部地區的布匹商和地主們將其財富慷慨地花費在這些體現英國品味和技能的紀

念物上。垂直式建築於15世紀後半期在一些最著名的英國建築上經歷了一種狂熱的振興，這些建築大部分都是由王室所贊助的 —— 伊頓公學、聖喬治小教堂、溫莎城堡（建於1474年）、劍橋大學的國王學院小教堂，以及威斯敏斯特大教堂的亨利七世小教堂。這是無可置疑的「英國中世紀建築的小陽春」。中世紀晚期的教區教堂垂直式鐘樓都是無可比擬的英國式風格，從堅固的雷克瑟姆聖吉爾斯教堂，到波士頓聖博托爾夫教堂高聳的門柱、湯頓[3]教堂、布里斯托爾的聖斯蒂芬教堂和加的夫的聖約翰教堂的優雅。同樣還有14和15世紀有雕刻裝飾的木頭屋頂，最早的是1291年以後為約克的牧師會禮堂而設計的木頭拱頂，還有為替代伊利大教堂鐘樓（1322年倒塌）而建的木頭拱頂和燈塔。這種屋頂建築以理查二世委託建造的威斯敏斯特市政廳（1394–1400）橡尾樑的櫟木屋頂為最高典範，並被評判為「整個歐洲中世紀最偉大的藝術品」。石匠、木匠和建築師們從13世紀起一直受到國王、侍臣、貴族和其他人資助，而且不僅僅在建造宗教建築上是這樣；他們還建造皇家和私人的城堡和莊園建築。雖然他們主要是在倫敦形成一個行業基地並主要從事與國王相關的建築任務，但這些工匠們也被派往英國和威爾士各地去接受建築任務。他們的專業知識

3　湯頓（Taunton）是英國薩姆塞特郡的首府。

和經驗都是為貴族和主教們服務的，因此他們為英國的民族趣味創造了一種民族風格。

英國的民族性

　　英國人的民族感和他們對於自身的英國人特性的意識是不容易判定的。但是他們有時候會把自己跟不同人種、不同語言、不同國家或不同文化和政治傳統的人民加以比較——並被他人所比較。在中世紀晚期，英格蘭人在不列顛群島和歐洲大陸上與很多其他民族發生了對抗，而且經常是兵戎相見。這些對抗是民族性和英國人自我意識的溫床。這樣的經驗產生了一些使英格蘭人意識到他們的本性、團結，以及共同的傳統和歷史的情緒。

　　當英格蘭被諾曼公爵們或安茹伯爵們所統治，以及盎格魯–諾曼男爵們在英吉利海峽的兩岸都擁有莊園，而其他男爵在英格蘭和蘇格蘭都擁有莊園的時候，統治階層的精英們是不可能認為自己是純粹英國人的。可是一旦諾曼底和安茹被法國人所侵佔，並於1259年正式向他們投降時，這就變得有可能了，因為跨英吉利海峽的貴族們那時不得不決定，他們最首要的忠誠應該是在哪裏。隨着蘇格蘭王國的自我意識變得越來越強，尤其是當愛德華一世的戰爭使得在邊界兩邊都擁有土地的日子變得一去不復返時，這種可能

性就變得更大了。因此，英格蘭的與世分離便跟它四周環繞的海洋順理成章地聯繫在了一起。15世紀30年代中期的一個小冊子作家告誡道：

> 尤其要保護周圍的海洋，它們就像是英國的圍牆，而若把英格蘭比作城市那城牆的外面就是海洋……

從愛德華一世起，英格蘭國王的教養和世界觀就要比自哈羅德以來的任何國王都要更加真正地英國化。事實上，亨利六世在他長達39年的統治中，從來沒有訪問過蘇格蘭或愛爾蘭；他只有一次踏上了威爾士——在蒙茅斯過了一天——而且在9歲時的加冕訪問之後，再也沒有去過法國。

作為外國人，在13世紀主宰了英國海外商業的佛蘭芒人和意大利人的貿易成功引起了英國人對他們的憎恨。在亨利七世統治期間，英國人據說「對外國人有一種反感，因為他們從未來過英國，卻要成為它的主人並侵佔英國的貨物……」說到底，來自跟英國交戰國家的公民，就像附屬於法國修道院的外國隱修院院長那樣，有可能給敵人送錢；或者就像是亨利四世的王后，布列塔尼女公爵的僕人們那樣，有可能為法國充當間諜。百年戰爭剛爆發的時候，英國國王的文書們在國家文件上寫「不要給外國人看！」並不是沒有理由的。

英國靠卑微的弓箭手和騎士、貴族而打贏的戰爭在社會各界中創造了一種自信，使得英國人熱血沸騰。有一位見識廣博的觀察家於1373年這樣說道：「英國人自認為了不起，而且打了那麼多的勝仗，以致於他們開始相信自己不會輸。在戰場上，他們是世界上信心最足的民族。」他們對於自己的勝利充滿了無限的驕傲，而作為個人的國王則體現了這些成就。在愛德華三世的統治下，「英格蘭王國得到了廣泛的改進，其受尊敬和富饒的程度是以前任何一位國王的統治時期所沒有過的」，而亨利五世在其臣民中的聲譽達到了一個無以復加的高度。英國人對於自己超人一等的信仰——離驕傲和自恃只差一小步——甚至到了英國好運不再的15世紀中期仍然毫不動搖。野性的蓋爾人被戲稱為「純粹的愛爾蘭人」，而佛蘭芒人則在1436年受到了毫不掩飾的蔑視：

> 你們這些佛蘭芒人，記住自己恥辱；在圍困加來時，你們真是罪該萬死；英國人跟你們相比，名聲要好得多，他們的血脈更高貴，歷史也更悠久。

1500年左右的一位意大利訪問者，在英格蘭的海外「王國」幾乎完全失去時，還可以報道說：「英國人對自己和屬自己的所有東西都充滿了自戀。他們認為，除了他們自己之外就沒有別的人，除了英國之外

就沒有其他世界；當他們看見一位漂亮的外國人時，他們就會說，『他看上去就像個英國人』，或者『真可惜他不是一個英國人』。」優越的感情很容易變成蔑視，甚至仇恨。在跟法國人進行了幾十年的戰爭之後，仇法症普遍存在，只有法國人的仇英症可與之相比擬，因為法國人把英國人視為「一個受詛咒的民族」。對於任何跟法國沾邊的事物的憎惡在亨利五世的統治下達到了一個空前的程度。亨利五世也許可以宣稱擁有了法國王冠，但在英國，他並不鼓勵在政府和文化階層中使用法語。倫敦釀酒商們從這位廣受尊崇的國王那兒受到了啟發，當他們用英語來寫行會條例時，他們注意到「我們的母語，即英語，近來開始受到大量的擴增和修飾……我們最傑出的國王，亨利五世，已經促成了一種被大家都認可了的語言……通過寫作練習的方式來加以推薦」。

有關不列顛歷史的故事和一種實際的不安全感，以及直至愛德華一世——也許是愛德華三世——的英格蘭國王的精力和野心交織在一起，把英國人帶進了蘇格蘭、威爾士和愛爾蘭。他們吞併這些領土的成功是有限的；無論他們如何試圖在文化、語言和習慣上將威爾士人和愛爾蘭人英國化，英國人及其附屬的領地政治上的民族性在中世紀晚期並沒有得到承認。參加康斯坦茨教會會議[4]的英國代表團這樣宣稱：

4　康斯坦茨教會會議(Church's Council at Constance)是1414–1417年間召

無論一個民族是否因血緣關係、團結習慣或語言特徵(在神聖和世俗法律中作為一個民族的最不容置疑和肯定的跡象和本質)與別的民族相區別而被視為一個民族……它都是一個真正的民族。

但由於他們補充說蘇格蘭、威爾士和愛爾蘭是英格蘭民族的一部分，因而無法自圓其說，輸掉了他們的政治地位。

開的天主教第十六次大公會議，以解決當時出現的三位教皇鼎立的局面。在會議期間，企圖抵制會議的教皇約翰二十三世被逮捕和廢黜。第二位教皇格列高利十二世被迫同意退位。第三位教皇本尼狄克十三世因拒絕退位而被廢黜。最後會議選出了新教皇馬丁五世。

推薦閱讀書目

General

F. Barlow, *The Feudal Kingdom of England 1042–1216* (5th edn, London, 1999), an excellent outline.

R. Bartlett, *England under the Norman and Angevin Kings, 1075–1225* (Oxford, 2000).

M. Chibnall, *Anglo-Norman England 1066–1166* (Oxford, 1986), judicious.

S. B. Chrimes, C. D. Ross, and R. A. Griffiths (eds.), *Fifteenth-century England, 1399–1509: Studies in Politics and Society* (Manchester, 1972; 2nd edn, Stroud, 1995), essays on central topics.

M. T. Clanchy, *England and its Rulers 1066–1272* (Glasgow, 1983; 2nd edn, 1998), a thought-provoking combination of political and cultural history, with a new epilogue on Edward I.

R. R. Davies, *Domination and Conquest. The Experience of Ireland, Scotland and Wales 1100–1300* (Cambridge, 1990).

F. R. H. DuBoulay, *An Age of Ambition* (London, 1970), a stimulating look at themes (e.g. class, marriage, sex) often neglected.

R. Frame, *The Political Development of the British Isles 1100–1400* (Oxford, 1990).

A. Harding, *England in the Thirteenth Century* (Cambridge, 1993).

J. R. Lander, *Conflict and Stability in Fifteenth-century England* (3rd edn, London, 1977), an overall (if gloomy) view of the century.

R. Mortimer, *Angevin England 1154–1258* (Oxford, 1994).

D. M. Stenton, *English Society in the Early Middle Ages 1066–1307* (2nd edn, Harmondsworth, 1952), a brief social survey.

A. Tuck, *Crown and Nobility, 1272–1461* (London, 1985), a clear and sound narrative.

Studies of Some Major Themes

J. Bellamy, *Crime and Public Order in England in the Later Middle Ages* (London, 1973).

A. L. Brown, *The Governance of Late Medieval England, 1272–1461* (London, 1989).

R. G. Davies and J. H. Denton (eds), *The English Parliament in the Middle Ages* (Manchester, 1981), nicely integrated essays.

J. Gillingham, *The English in the Twelfth Century. Imperialism, National Identity and Political Values* (Woodbridge, 2000).

B. Golding, *Conquest and Colonisation. The Normans in Britain 1066–1100* (London, 1994).

A. E. Goodman, *The Wars of the Roses* (London, 1981), good on military matters.

J. A. Green, *The Aristocracy of Norman England* (Cambridge, 1997).

R. H. Hilton, *The English Peasantry in the Later Middle Ages* (Oxford, 1975).

J. C. Holt, *Magna Carta* (Cambridge, 1965; 2nd edn, 1992), indispensable for the political and social context of the charter.

J. Le Patourel, *The Norman Empire* (Oxford, 1976), magisterial. The starting-point for all future studies of this subject.

K. B. McFarlane, *Lancastrian Kings and Lollard Knights* (Oxford, 1972), two major themes explored with insight.

K. B. McFarlane, *The Nobility of Later Medieval England* (Oxford, 1973), essays by a master-historian.

C. Platt, *The English Medieval Town* (London, 1976), a pleasant, illustrated book.

N. J. G. Pounds, *The Medieval Castle in England and Wales* (Cambridge, 1990).

N. A. M. Rodger, *The Safeguard of the Sea. A Naval History of Britain. Volume One 660–1649* (London, 1997).

C. D. Ross, *The Wars of the Roses* (London, 1976), wise and well illustrated.

G. O. Sayles, *The King's Parliament of England* (London, 1975), a distillation of 40 years of research and argument by Richardson and Sayles.

V. J. Scattergood and J. W. Sherborne (eds), *English Court Culture in the Later Middle Ages* (London, 1983), expert essays on a variety of themes.

M. Strickland, *War and Chivalry. The Conduct and Perception of War in England and Normandy, 1066–1217* (Cambridge, 1996).

A. Williams, *The English and the Norman Conquest* (Woodbridge, 1995).

Royal Biographies

C. T. Allmand, *Henry V* (London, 1992).

R. Barber, *Edward, Prince of Wales and Aquitaine* (London, 1978).

F. Barlow, *William Rufus* (London, 1983), not just a life, also a fine study of the times.

D. Bates, *William the Conqueror* (London, 1989).

D. A. Carpenter, *The Minority of Henry III* (London, 1990).

R. H. C. Davis, *King Stephen* (London 1967; 3rd edn, 1990), lively and stimulating.

J. Gillingham, *Richard I* (London, 1999).

R. A. Griffiths, *The Reign of King Henry VI* (London, 1981; 2nd edn, Stroud, 1988), more than a biography of the king.

J. L. Kirby, *Henry IV of England* (London, 1970).

W. M. Ormord, *The Reign of Edward III* (London, 1990).

D. D. R. Owen, *William the Lion. Kingship and Culture 1143–1214* (East Linton, 1997).

M. Prestwich, *Edward I* (London, 1988).

C. D. Ross, *Edward IV* (London, 1974; 2nd edn, London, 1997).

C. D. Ross, *Richard III* (London, 1981; 2nd edn, London, 1999).

N. Saul, *Richard II* (London, 1997).

E. L. G. Stones, *Edward I* (Oxford, 1978).

K. J. Stringer, *The Reign of Stephen* (London, 1993).

W. L. Warren, *King John* (Harmondsworth, 1961), seeks to rescue John from the damning verdict of thirteenth-century chroniclers.

W. L. Warren, *Henry II* (London, 1973), massive but readable.

Other Biographies

F. Barlow, *Thomas Becket* (London, 1986), a detached and detailed narrative.

R. Bartlett, *Gerald of Wales 1146–1223* (Oxford, 1982), an excellent study of an original and troubled mind.

C. R. Cheney, *Hubert Walter* (London, 1967), a lucid account of the career of the most powerful churchman of the age.

D. Crouch, *William Marshal. Court, Career and Chivalry in the Angevin Empire* (London, 1990).

A. E. Goodman, *John of Gaunt* (London, 1992), a royal prince on a European stage.

G. L. Harriss, *Cardinal Beaufort* (Oxford, 1988), a prince of the church in politics and war.

J. R. Maddicott, *Simon de Montfort* (Cambridge, 1994).

N. Vincent, *Peter des Roches. An Alien in English Politics 1205–1238* (Cambridge, 1996).

Church and Religion

F. Barlow, *The English Church 1066–1154* (London, 1979), a lively analysis of a radical and tumultuous age.

D. Knowles, *The Monastic Order in England 940–1216* (2nd edn, Cambridge, 1963), a scholarly history of monasticism by a scholar monk.

D. Knowles, *The Religious Orders in England*, vol. I (Cambridge, 1962), important for the coming of the friars.

K. B. McFarlane, *John Wycliffe and the Beginnings of English Nonconformity* (London, 1952).

R. N. Swanson, *Church and Society in Late Medieval Britain* (London, 1989).

Scotland

G. W. S. Barrow, *Kingship and Unity. Scotland 1000–1316* (London, 1981), an invaluable brief survey.

J. Brown (ed.), *Scottish Society in the Fifteenth Century* (London, 1977), essays on central topics.

A. A. M. Duncan, Scotland. *The Making of the Kingdom* (Edinburgh, 1975).

A. Grant, *Independence and Nationhood: Scotland, 1306–1469* (London, 1984), a comprehensive and often original survey.

Wales

R. R. Davies, *Conquest, Coexistence and Change: Wales 1063–1415* (History of Wales, vol. 2) (Oxford, 1987), economy, society, and politics: a major study.

G. Williams, *Recovery, Reorientation, and Reformation: Wales c.1415–1642* (History of Wales, vol. 3) (Oxford, 1987).

Ireland

S. Duffy, *Ireland in the Middle Ages* (Dublin, 1997).

R. Frame, *Colonial Ireland 1169–1369* (Dublin, 1981), an admirable sketch.

J. F. Lydon, *Ireland in the Later Middle Ages* (Dublin, 1973).

Economy

J. L. Bolton, *The Medieval English Economy 1150–1500* (London, 1980), the most helpful general introduction.

A. R. Bridbury, *Economic Growth: England in the Later Middle Ages* (London, 1962).

R. H. Britnell, *The Commercialisation of English Society, 1100–1500* (Cambridge, 1993).

C. Dyer, *Standards of Living in the later Middle Ages. Social Change in England c.1200–1520* (Cambridge, 1989).

E. Miller and J. Hatcher, *Medieval England: Rural Society and Economic Change 1086–1348* (London, 1978), a judicious survey of the rural economy.

E. Miller and J. Hatcher, *Medieval England: Towns, Commerce and Crafts, 1086–1348* (London, 1995), a companion volume.

S. Reynolds, *An Introduction to the History of English Medieval Towns* (2nd edn, Oxford, 1982), the thinking person's introduction to English urban history.

G. A. Williams, *Medieval London: from Commune to Capital* (London, 1963), a vivid and detailed account of thirteenth- and early fourteenth-century London.

Language and Literacy

M. T. Clanchy, *From Memory to Written Record: England 1066–1307* (London, 1979; 2nd edn, 1993), a fascinating analysis of the development of literacy and the literate mentality.

A. Crawford (ed.), *Letters of the Queens of England, 1100–1547* (Stroud, 1994), an often neglected perspective.

S. Medcalf (ed.), *The Context of English Literature: The Later Middle Ages* (London, 1981), a rare attempt to integrate cultural and social history.

Art

J. Alexander and P. Binski (eds), *Age of Chivalry. Art in Plantagenet England 1200–1400* (Royal Academy of Arts, London, 1987).

T. S. R. Boase, *English Art 1100–1216* (Oxford, 1953).

P. Brieger, *English Art 1216–1307* (Oxford, 1957).

J. Evans, *English Art, 1307–1461* (Oxford, 1949).

T. Tatton-Brown, *Great Cathedrals of Britain* (London, 1989).

G. Zarnecki, J. Holt, and T. Holland (eds), *English Romanesque Art 1066–1200* (Arts Council , 1984).

大事年表

1157	亨利重新獲得諾森伯里亞
1162	貝克特出任坎特伯雷大主教
1164	克拉倫登會議與憲法；貝克特被流放
1166	克拉倫登的巡迴審判
1169–1172	英格蘭開始征服愛爾蘭
1170	年輕的國王加冕；貝克特被謀殺
1173–1174	反對亨利二世的叛亂；蘇格蘭國王「獅王」威廉侵略英格蘭北部
1183	年輕的國王去世
1189	亨利二世去世；理查一世登基
1190–1192	理查一世參加十字軍東征
1193–1194	理查在德意志被囚禁
1193–1205	坎特伯雷大主教休伯特·沃爾特(1194–1198 任首席政法官，1199–1205 任大法官)
1197	德赫巴斯的里斯去世
1199	理查一世去世；約翰登基；大法官法院檔案卷宗建立
1203–1204	腓力·奧古斯塔斯征服安茹和諾曼底
1208–1214	天主教會停止在英格蘭的教堂禮拜活動
1214	布汶戰役：法蘭西取勝
1215	《大憲章》；英格蘭的內戰；路易(即後來的路易八世)入侵；約翰去世；亨利三世登基
1217	林肯戰役和多佛戰役；路易撤軍
1221–1224	多明我會和方濟各會的遊乞僧們來到英國
1224	路易八世完成對普瓦圖的征服
1232	休伯特·德伯格被解職
1240	盧埃林大王去世
1254	亨利三世接受教皇提供的西西里王位
1258	男爵們接管皇家政府；《牛津條款》
1259	英格蘭與法蘭西之間的《巴黎和約》
1264	劉易斯戰役；亨利三世被俘；西蒙·德蒙特福特的政府
1265	伊夫舍姆戰役；西蒙·德蒙特福特被殺
1267	亨利承認盧埃林·阿普·格魯菲德為威爾士親王

1400	歐文‧格林杜爾的叛亂開始(一直延續到1410)
1403	亨利‧霍茨珀在什魯斯伯里被擊敗
1405	約克大主教斯克羅普被處決
1408	諾森伯蘭伯爵在布雷厄姆沼澤地被擊敗
1413	亨利四世去世;亨利五世登基
1415	英軍在阿讓庫爾戰役中獲勝
1419–1420	英格蘭征服諾曼底
1420	特魯瓦的《英法和約》
1422	亨利五世去世;亨利六世登基
1435	貝德福德公爵約翰去世;阿拉斯的《法國–勃艮第和約》
1436–1437	亨利六世成年
1445	亨利六世與安茹的瑪格麗特結婚
1449–1450	法軍侵佔諾曼底
1450	薩福克公爵被謀殺;約翰‧凱德叛亂
1453	法軍侵佔加斯科涅;亨利六世發病
1455	在約克公爵理查和保王黨軍隊之間進行聖奧爾本斯戰役
1459	約克公爵在布洛爾荒野和勒德福德橋上被擊敗
1461	亨利六世被廢黜;愛德華四世登基
1465	亨利六世被俘
1469	沃里克伯爵理查和克拉倫斯公爵喬治叛亂
1470	愛德華四世被廢黜;亨利六世重新歸來
1471	愛德華四世歸來;沃里克伯爵在巴尼特去世;亨利六世去世
1475	愛德華四世遠征法國;《皮基尼英法和約》
1477	威廉‧卡克斯頓在英格蘭刊印的第一本書問世
1483	愛德華四世去世;愛德華五世登基、被廢黜並去世;理查三世登基;白金漢公爵亨利叛亂
1485	理查三世在博斯沃思去世;亨利七世登基

王室家譜

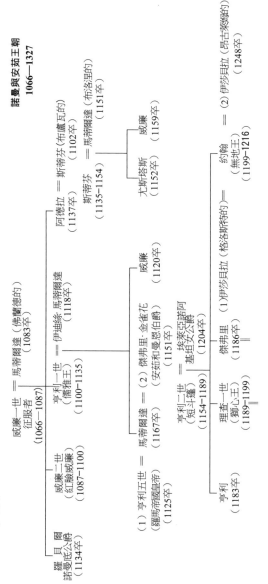

諾曼與安茹王朝
1066—1327

威廉一世 ＝ 馬蒂爾達（佛蘭德的）
征服者
[1066—1087]
（1083卒）

威廉二世
（紅臉威廉）
（1087—1100）

亨利一世 ＝ 伊迪絲·馬蒂爾達
（雄雅王）
（1100—1135）
（1118卒）

羅貝爾
諾曼底公爵
（1134卒）

阿德拉 ＝ 斯蒂芬（布盧瓦的）
（1137卒）
（1102卒）

斯蒂芬 ＝ 馬蒂爾達（布洛里的）
（1135—1154）
（1151卒）

尤斯塔斯
（1152卒）

威廉
（1159卒）

（1）亨利五世 ＝ 馬蒂爾達 ＝（2）傑弗里·金雀花
（羅馬帝國皇帝）　　（1167卒）　　（安茹和曼恩伯爵）
（1125卒）　　　　　　　　　　　　（1151卒）

亨利二世 ＝ 埃萊亞諾阿
（短斗篷）　 基坦安公爵
（1154—1189）（1204卒）

威廉
（1120卒）

（1）伊莎貝拉（格洛斯特的）＝ 約翰 ＝（2）伊莎貝拉（昂古萊姆的）
　　　　　　　　　　　　　　（無地王）　　　　　　（1248卒）
　　　　　　　　　　　　　（1199—1216）

傑弗里
（1186卒）
‖

理查一世
（獅心王）
（1189—1199）

亨利
（1183卒）

貝倫加麗婭（納瓦爾的）
（1230卒）

康斯坦絲（布列塔尼）
（1201卒）

埃莉諾（普羅旺斯的）＝ 亨利三世
（1291卒）　　　　　（1216-1272）

愛德華一世 ＝ 埃莉諾（卡斯蒂利亞的）
（長腳）　　　　（1290卒）
（1272-1307）

愛德華二世 ＝ 伊莎貝拉（法國的）
（凱瑪利鈞的）　　（1358卒）
（1307-1327）

愛德華三世 ＝ 菲莉帕（埃諾的）
（1327-1377）　　（1369卒）

愛德華
威爾士親王（黑王子）
（1376卒）

瓊（肯特的）＝
（1385卒）

理查二世
（1377-1399）

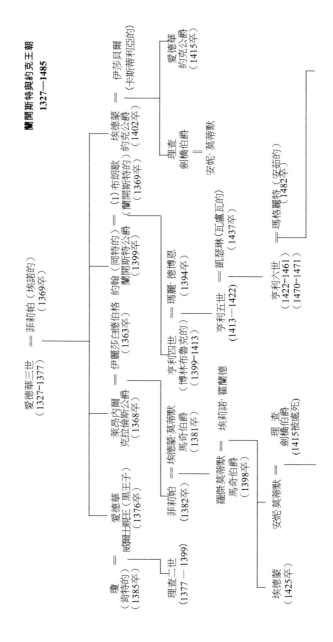

蘭開斯特與約克王朝
1327—1485

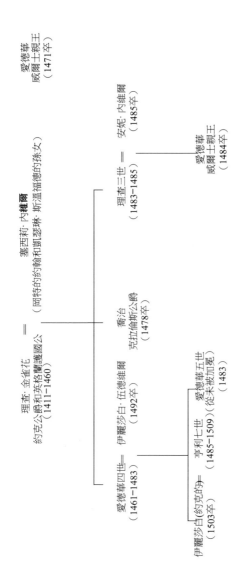

理查·金雀花
約克公爵和英格蘭護國公
（1411-1460）
＝
塞西莉·內維爾
（岡特的約翰和凱瑟琳·斯溫福德的孫女）

愛德華
威爾士親王
（1471卒）

愛德華四世
（1461-1483）

喬治
克拉倫斯公爵
（1478卒）

理查三世
（1483-1485）
＝
安妮·內維爾
（1485卒）

愛德華
威爾士親王
（1484卒）

伊麗莎白·伍德維爾
（1492卒）

伊麗莎白（約克的）
（1503卒）
＝
亨利七世
（1485-1509）

愛德華五世
（從未被加冕）
（1483）